키즈 골프 가이드

키즈 골프 가이드

발행일	2025년 9월 16일
지은이	임성준
펴낸이	손형국
펴낸곳	(주)북랩
출판등록	2004. 12. 1(제2012-000051호)
주소	서울특별시 금천구 가산디지털 1로 168, 우림라이온스밸리 B동 B111호, B113~115호
홈페이지	www.book.co.kr
전화번호	(02)2026-5777 팩스 (02)3159-9637
ISBN	979-11-7224-850-5 03690 (종이책) 979-11-7224-851-2 05690 (전자책)

잘못된 책은 구입한 곳에서 교환해드립니다.
이 책은 저작권법에 따라 보호받는 저작물이므로 무단 전재와 복제를 금합니다.
이 책은 (주)북랩이 보유한 리코 장비로 인쇄되었습니다.

작가 연락처 문의 ▶ ask.book.co.kr
전용 게시판에 문의를 남기시면 저자에게 직접 전달됩니다.

(주)북랩 성공출판의 파트너

북랩 홈페이지와 SNS에서 다양한 출판 솔루션을 만나 보세요!

홈페이지 book.co.kr • **블로그** blog.naver.com/essaybook • **출판문의** text@book.co.kr
카톡채널 북랩

키즈 골프 가이드

놀이를 통한 단계별
유소년 골프 교육법

임성준 지음

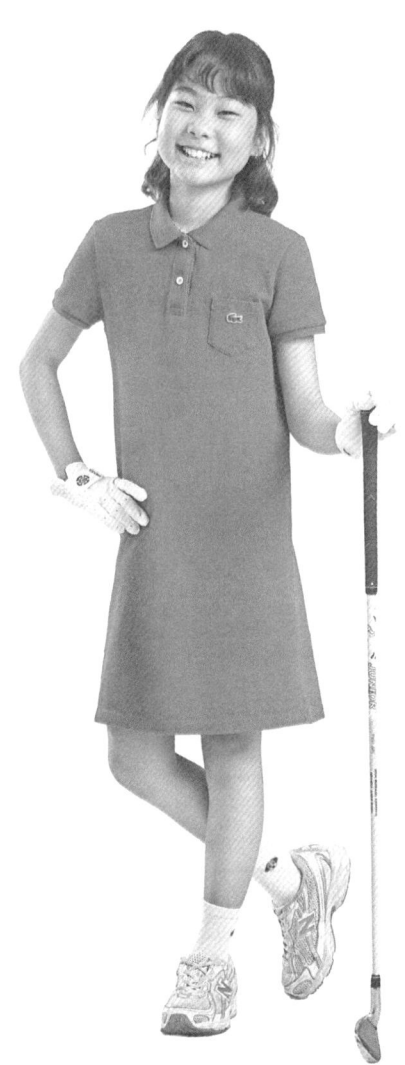

북랩

대한민국은 지금 키즈 골프 전성시대

― 골프, 국민 스포츠로 거듭나다 ―

 불과 20년 전만 하더라도 골프는 부의 상징이었으며, 높은 연령층의 전유물이었다. 이때만 해도 골프는 사치성 스포츠라는 인식이 강했고, 경기가 어려워질 때면 지레 눈치를 보게 되는 호사스러운 취미 생활 중 하나였다.

 골프 하면 여자 골프 선수 박세리의 세계대회 우승만을 기억하던 대한민국이었지만, 112년 만에 다시 올림픽 정식 종목으로 채택된 2016년 브라질 리우올림픽에서 여자 골프 선수 박인비의 금메달 소식을 기점으로 그 관심과 수요가 폭발적으로 증가하였다.

한편, 본격적으로 골프가 대중화되기 시작한 시점은 VR(가상현실)이 상용화되기 시작한 후부터라고 해도 과언이 아니다. VR(가상 현실)은 컴퓨터 기술을 활용해 현실과 유사한 3D 가상 환경을 생성하고 사용자가 몰입할 수 있도록 하는 기술인데, 골프가 이 기술을 도입하며 실내에서 즐기는 시뮬레이션 스포츠인 스크린 골프로 발전하였다. 이를 통해 골프에 참여하는 인구가 기하급수적으로 증가하였다. 스크린 골프는 접근하기 힘들었던 수많은 제약과 장벽을 허물며 단숨에 골프 시장을 장악하였다. 스크린 골프는 실제 필드보다 훨씬 저렴한 비용과 이동 시 걸리는 시간 그리고 날씨에 구애를 받지 않는, 그야말로 단순한 실내 스포츠를 넘어 하나의 문화로 자리매김하였다. 요즘은 스크린 골프 내에서 실제 골프대회처럼 대회도 열리고, 그저 오락일 뿐이라고 폄하하던 사람들도 훈련용으로 스크린을 활용하고 있는 걸 보면 이제 스크린 골프는 하나의 스포츠라고 해도 무관할 정도다.

그렇게 눈부신 기술의 발달에 힘입어 우후죽순 스크린 골프장이 생겨나기 시작하고, 진입 장벽이 낮아진 골프는 유례없는 호황을 누리기 시작했다. 문화체육관광부 2024년 전국 등록·신고 체육시설업 현황에 따르면, 가상 체험 체육시설업은 5,848개소에서 6,741개소로 15.3% 증가하였고, 6.16% 증가에 그친 체육시설업과 비교했을 때 압도적인 증가세를 보여 주었다.

값비싼 럭셔리 스포츠였던 골프는 이제 태권도만큼이나 대중적인 스포츠로 자리매김하였고, 입문하는 연령층 또한 다양해졌다.

그러다 키즈 골프가 발달하게 된 큰 사건이 발생하였는데, 그것은 바로 코로나19다. 2022년, 세계적으로 코로나19가 창궐하였고, 코로나 팬데믹은 골프 인구 증가와 더불어 유소년 골퍼의 유입에 큰 영향을 미쳤다.

미국골프재단(NGF)에 따르면, 코로나19가 발생하기 전인 2019년과 비교해 만6~17세 유소년 골퍼 수가 90만 명가량 늘었다는 것이다. 미국 주니어 골프 인구는 340만 명을 웃도는데, 이는 2006년 이후 최대치며, 여기에서 주목해야 할 점은 유소년 골퍼의 비율이 계속해서 증가하고 있다는 것이다. 전염성이 강한 코로나19의 특성상 단체 스포츠보다 골프 같은 개인 스포츠의 수요가 증가하였는데, 이런 특수한 상황에서 오히려 골프는 비약적으로 발전하게 되었다.

우리나라도 키즈 골프의 수가 폭발적으로 증가하고 있다. 키즈 골프 전문 골프 연습장이 생길 정도로 그 수요가 증가하였고, 상대적으로 수요가 적어 찬밥 신세였던 유소년 골프 용품과 의류도 계속해서 쏟아져 나오고 있다. 또한 방과 후 수업이나 클럽 활동같이 레저로 참여할 수 있는 프로그램도 계속해서 개설되고 있다.

유소년을 교육하는 모든 이들을 위하여

― 적게나마 유소년을 이해하길 바라며 ―

유소년 골프의 수는 꾸준히 증가하고 있지만, 현장에선 유소년 골퍼들에 대한 별도의 경험과 기초 지식 없이 성인 대상의 교육을 유소년들에게 그대로 적용하고 있는 실정이다. 저자 또한 처음엔 수없이 많은 논문과 서적을 뒤져 보았지만 유소년 골프에 대한 정확한 기초 자료를 찾을 수 없었기에, 오랜 시간 여러 시행착오를 경험했다. 따라서 그동안 연구하고 경험을 통해 얻게 된 노하우를 관련업에 종사하는 지도자들이 현장에서 바로 활용할 수 있기를 바라며 이 책을 출간하게 되었다. 이를 통해 향후 관련업에 종사하고 있거나 종사하게 될 예비 지도자 및 학부모들이 적게나마 유소년들을 이해하는 데 도움이 되길 바란다.

차 례

대한민국은 지금 키즈 골프 전성시대 … 5

유소년을 교육하는 모든 이들을 위하여 … 9

CHAPTER 1
키즈 골프의 이해

키즈 골프의 목표 … 15
키즈 골프의 긍정적 효과 … 22
키즈 골프의 본질 … 26
키즈 골프의 시작 시기 … 30

CHAPTER 2
키즈 골프 지도자의 역할

지도자의 자질 … 37
키즈 골프의 7가지 원칙 … 43

키즈 골프 교육 프로그램

골프 클럽 선택하기	57
교육 순서	62
그립	71
스윙은 거울 보듯	76
3단계로 풀스윙 완성	79
클럽별 교육	93
주의 사항	104

키즈 골프 트레이닝

키즈 골프 트레이닝의 3요소	109
활성화	132

안전 수칙 및 에티켓

안전 수칙	141

골프 시설 법령

골프 연습장 운영업	**149**
가상 체험 체육 시설업	**150**
체육 지도자 배치	**151**

안전사고

골프장 안전사고 현황	**155**
실내 골프 연습장 안전사고 현황	**158**
예방 및 조치	**167**

CHAPTER 1

키즈 골프의 이해

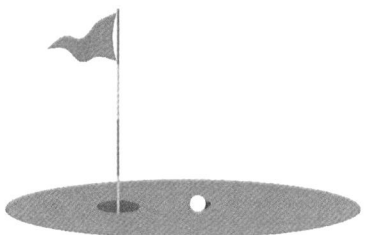

키즈 골프의 목표

골프는
최고의 종합 발달 센터

첫째, 대·소근육 발달

(골프는 최고의 운동 센터)

둘째, 사회성 발달

(골프는 사회적 기술 훈련소)

셋째, 정서 발달

(골프는 심리 발달 센터)

넷째, 인지력 발달

(골프는 창의력 센터)

다섯째, 신체·운동 능력 발달

(골프는 최고의 전신 운동)

여섯째, 전인 발달

(골프는 종합 발달 센터)

  키즈는 기술 습득 및 건강 증진이 목적인 성인과는 다르게 기본적인 신체 능력을 기르고 신체 발달을 촉진하는 데 그 목적이 있다. 또한 신체 조절, 균형, 협응력, 근육 발달을 위한 운동 습관을 형성하는 데 초점을 둔다.

조화로운
성장이 관건

 키즈 골프의 목표는 여러 가지가 있지만, 기본적으로 어린이들의 신체적·정서적·사회적 발달을 촉진하는 것이다. 기술 습득과 건강 증진이 목표인 성인 골프와는 그 목적에 차이가 있으며, 그에 따른 접근 방식 또한 달라야 한다.

 키즈 골프가 가지는 주요 목표는 다음과 같다.

 첫째, 대·소근육 발달. 골프는 대근육과 소근육을 고루 사용하며, 전반적인 신체 건강을 증진시키는 데 도움을 준다. 대근육의 발달로는 하체, 상체, 코어 근육이 대표적인데, 스윙의 회전을 위해 하체 근육은 중요한 역할을 하며, 무릎, 허벅지, 엉덩이 근육이 지속적으로 사용된다. 이러한 하체 움직임은 체중 이동 동작 시 극대화되는데, 이는 전체적인 대근육 발달을 촉진시킨다. 상체 근육도 힘을 전달하는 중요한 역할을 하는데, 팔을 접었다 펴는 반복 동작에서 어깨, 팔 근육이 지속적으로 사용된다. 코어 근육은 스윙 동작 중 몸의 회전을 지원하며, 상체와 하체를 분리하여 회전할 때 중요한 역할을 한다. 또한 균형을 유지하고 부상을 예방하기도 한다.

  골프의 특성상 정밀한 움직임과 세밀한 조정이 필요하기 때문에 다음과 같은 소근육의 발달도 동시에 이루어진다. 스핀을 주기 위한 손목의 회전, 그립을 강도와 정확성을 조절하는 조절 능력, 하체 회전을 지원하고 균형을 유지하는 발과 발목의 유연성 등 골프는 다양한 소근육의 발달을 촉진시킨다.

  둘째, 사회성 발달. 사회성 발달은 어린이가 타인과 상호 작용하면서 사회적 규범, 가치, 행동 양식을 배우고, 자신의 감정을 표현하며 다른 사람들과 건강한 관계를 맺는 과정이다. 골프는 같이 플레이하는 사람들과의 경쟁 및 협력을 통해 사회적 기술을 배우는 데 크게 기여한다. 어린이들은 골프를 통해 사람들과 상호 작용을 하고, 사회적 규칙과 에티켓을 배우며, 자연스럽게 사회적 기술을 습득한다. 또한 골프는 상대방을 존중하고 예의 있게 매너를 지켜야 하는 운동으로, 타인에 대한 존중과 배려를 자연스럽게 습득할 수 있어 상황에 맞게 타인과의 관계를 맺고 유지해 가는 사회성 발달에 많은 도움을 준다. 따라서 골프는 단순히 개인적인 기술만을 연마하는 운동이 아닌, 사회적 상호 작용, 협력, 예의, 존중 등 다양한 사회적 기술을 배울 수 있는 매우 유익한 스포츠다.

셋째, 정서 발달. 정서 발달은 어린이가 자신의 감정을 인식하고, 이해하며, 적절하게 표현하고 조절하는 능력을 키워 가는 과정이다. 이는 자기 인식, 감정 조절, 공감 능력, 사회적 관계 등에 큰 영향을 미친다. 골프는 이러한 정서 발달에 많은 도움을 주는 운동이다. 또한 조절, 존중, 인내, 문제 해결, 스트레스 관리 등과 같은 중요한 정서적 기술을 발달시키는 데 도움을 준다. 실수를 하거나 실패를 했을 때, 자신의 감정을 조절하고 실망감이나 분노를 이겨 내는 조절, 개인적인 도전을 통해 스스로의 향상을 경험하고 목표를 달성했을 때 성취감을 느끼면 자기 효능감이 커지고 자신감이 상승하는 존중, 긴 시간 플레이하며 즉각적인 결과에 대한 욕구를 조절하고, 장기적인 목표를 향해 지속적으로 노력하는 방법을 배우는 인내, 실수 후 부정적인 감정을 긍정적인 감정으로 바꾸고, 위기 상황에서 감정을 관리하는 문제 해결, 게임 중 겪는 불안, 스트레스, 긴장감 등과 같은 감정의 기복을 경험하고 그것을 조절하는 스트레스 관리. 이처럼 골프는 어린이에게 다양한 정서적 성장을 촉진할 수 있는 유용한 수단이다. 골프를 통해 어려운 상황에서 차분하게 마음을 가라앉히고 집중력을 잃지 않는 스트레스 관리 능력과 감정 조절을 배우고, 실수를 한 후 그것을 받아들이고 다시 일어서는 과정에서 심리적 성숙을 배운다.

넷째, 인지력 발달. 인지력 발달은 문제를 해결하고, 계획을 세우며 집중하여 유지하는 과정이다. 골프는 문제 해결, 집중력향상, 자기 통제 등 다양한 능력을 자연스럽게 발달시킨다. 예를 들어 코스의 상황에 맞는 클럽을 선택하고, 경기에 대한 전략을 세우는 등 매 샷마다 지속적으로 문제 해결 능력이 요구된다. 이런 과정을 통해 매번 새롭게 마주하는 도전 상황을 해결하며, 인지적 유연성과 문제 해결 능력이 강화된다. 또한 장애물에 걸리거나 특수한 상황에 직면했을 때 적합한 해결책을 찾는 과정에서 인지적 사고가 길러진다. 또 긴 시간 동안 집중력을 요구하기 때문에 주의 집중력이 길러지고, 짧은 시간 안에 빠르게 판단을 내려야 하는 상황에서 의사 결정 능력 또한 강화된다. 마지막으로, 긴 시간 동안 경기에서 흥분을 조절하고 실수를 극복하는 과정에서 자기 통제와 인내심이 자연스럽게 발달하게 된다.

골프는 매 샷마다 전략을 세우고 계획하는 전략적 사고, 예측할 수 없는 변수에 대처하는 창의적 사고, 거리와 각도를 계산하는 수학적 사고, 즉각적인 상황 판단을 통한 의사 결정 능력 등을 높이는 데 기여한다.

다섯째, 신체·운동 능력 발달. 골프는 근력, 유연성, 균형 감각 등 전신을 모두 사용하는 운동으로, 성장기인 어린이들의 균형 잡힌 발달에 직접적인 도움을 준다. 6세 이상부터는 복잡하고 정교한 운동 능력이 가능해지므로 여러 가지 신체 능력을 발전시킬 수 있고, 이 시기에는 여러 가지 신체 부위의 근육을 사용하는 것이 좋다. 골프를 통해 여러 가지 다양한 부위의 근육이 협력하고, 신체 능력을 고루 발달시킬 수 있어 어린이들에게 매우 유익한 운동이다.

여섯째, 전인 발달. 어린이의 전인 발달은 신체적 건강뿐 아니라 감정적 안정, 사회적 관계, 도덕적 책임감 등 모든 영역에서 균형을 이루어야 한다. 전인 발달은 아이의 자아 존중, 적응력, 창의력, 문제 해결 능력, 사회적 책임감을 키우는 데 중요한 역할을 한다. 이 과정은 단기적인 결과물보다 지속적인 과정으로 다양한 경험과 환경이 함께 작용되어야 하는데, 골프는 어린이들의 신체, 인지, 정서, 사회성 등 모든 측면에서 조화롭게 성장할 수 있도록 도움을 준다.

키즈 골프의 긍정적 효과

단순한 스포츠를 넘어 교육적 가치 제공

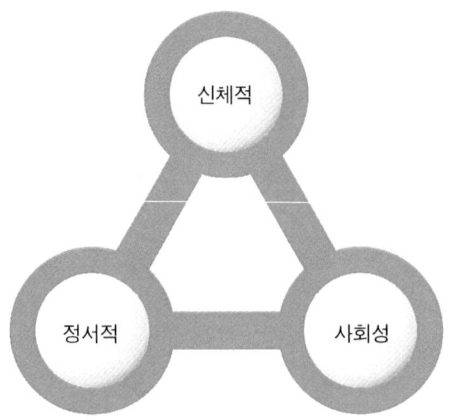

 골프는 유소년들에게 단순한 스포츠를 넘어서 다양한 긍정적인 효과를 준다. 또한 교육적으로도 충분한 가치를 제공하는 매우

유익한 운동이다.

출처: 신준수, 박형섭, 안을섭. (2009). 「유아의 골프 운동 참여가 신체, 정서, 사회성 발달에 미치는 영향」, 한국유아체육학회 10(2).

골프의 다양한 교육적 효과

첫째, 신체적 발달
(전신운동)

둘째, 정서적 발달
(집중력)

셋째, 사회적 발달
(매너와 예의)

골프는 자신감과 성취감을 경험할 수 있는 좋은 운동이다. 목표 타수, 드라이버 비거리 등 성취 가능한 목표를 설정하고 그것을 달성했을 때 성취감을 얻고, 이를 통한 성공 경험은 자신감으로 이어진다. 또한 한 번의 실수가 게임 전체를 좌우하지 않기 때문에 실패를 통한 학습과 실패를 극복하는 힘을 기를 수 있다. 또한 키즈 골프는 단순히 공을 치는 운동을 넘어서 신체적·정서적·사회적 발달과 성장에 긍정적인 영향을 미치는 운동이며, 꾸준히 지속할 수 있는 안전한 환경과 재미있고 다양한 프로그램이 제공된다면 유소년들에게 매우 유익한 활동이 될 수 있다.

키즈 골프가 가지는 긍정적인 효과는 다음과 같다.

첫째, 신체적 발달. 키즈 골프의 긍정적 효과로 신체적 발달이 있다. 골프는 온몸을 사용하는 전신 운동으로, 특히 하체와 코어 근육을 많이 사용하여 균형 잡힌 근육 발달에 매우 유익한 운동이다. 또한 스윙을 하는 과정에서 유연성과 전신의 협응력을 요하기 때문에 전체적인 밸런스에 도움을 주며, 야외 골프장에서 플레이할 시 햇빛을 받으며 비타민 D 생성과 심폐 기능을 강화하는 데 도움을 준다.

둘째, 정서적 발달. 키즈 골프의 긍정적 효과로 정서적 발달이 있다. 골프는 매 샷마다 집중력을 요구하기 때문에 학업을 병행하는 유소년들의 집중력 향상에 유익한 운동이다. 또한 실수 후

에도 다음 샷에 집중하는 법을 배우며, 실패와 성공을 통해 자기 감정 조절 능력을 키울 수 있는 좋은 운동이다. 골프 종목의 특성상 여러 가지 다양한 상황(바람, 경사, 그린 속도 등)에서 스스로 전략을 세우고 그것을 극복해 나가는 과정을 통해 문제 해결 능력을 또한 키울 수 있다.

셋째, 사회적 발달. 키즈 골프의 긍정적 효과로 사회적 발달이 있다. 골프는 매너와 예의를 중요시하는 스포츠로, 자연스럽게 상대방을 배려하는 법을 익히고 이를 통해 사회적인 에티켓 및 예절 학습에 유익한 운동이다. 또한 기록이나 점수로 승자를 가리는 스포츠다 보니 타인과의 경쟁 및 자신의 실력 향상에 집중하게 되어 자기 성장에 많은 도움을 준다. 골프종목의 특성상 또래와 높은 연령층의 어른들을 함께 골고루 교류할 수 있어 사회적 경험이 확장되는데 도움을 준다.

키즈 골프의 본질

신체 활동을 통한
유아의 전인 발달

재미 + 안전 = 지속

재미는 운동 지속을 이끌어 내는 가장 큰 원동력이다. 아이들은 아무리 골프가 유익한 운동이라도 재미나 흥미가 없으면 지속하려고 하지 않는다. 따라서 다양한 프로그램을 제공하여 흥미를 이끌어 내지 못하면 지속이 어려워진다.

골프가 가지는 건강한 사고와 경험

첫째, 교육
(골프는 놀이 기반의 교육)

둘째, 인성
(골프는 인성과 매너의 교육)

셋째, 사고
(골프는 자기 주도적 교육)

넷째, 지속
(골프는 인내와 끈기의 교육)

키즈 골프의 본질을 생각하기 전에 어떤 아이로 성장하길 원하는지, 골프를 통해 아이가 무엇을 배울 수 있을지, 골프를 경험하며 아이가 즐거움과 배움을 함께 느끼고 있는지 생각해 보아야 한다.

전인 발달을 지원하는
교육적 활동

키즈 골프의 본질은 단순히 골프 기술을 익히는 것만이 아니다. 아이들이 골프를 통해 몸과 마음, 태도, 사고방식 등을 조화롭게 성장할 수 있도록 돕는 것이다.

키즈 골프의 본질을 구성하는 요소는 다음과 같다.

첫째, 놀이 기반의 교육. 골프는 어린이들에게 운동이기 이전에 하나의 놀이여야 한다. 자유롭고 즐거운 환경에서 안전하게 놀이를 하고 이를 통해 자연스럽게 운동이 되는 것이 핵심이다.

둘째, 인성과 매너의 교육. 골프는 예절과 배려, 정직을 중요시

여기는 스포츠다. 누가 보고 있지 않아도 스스로 룰을 지키는 습관, 자기감정을 컨트롤하는 태도 등은 인성 교육의 기반이 된다.

셋째, 자기 주도적 교육. 골프는 지도자의 일방적인 지시보다 아이 스스로가 '왜 이렇게 해야 할까?', '이렇게 해 보면 어떨까?' 등을 고민하며 자기 주도 능력을 향상시킨다. 또한 실패와 여러 번의 시도를 통해 포기하지 않고 그것을 해결해 나가는 능력을 키운다.

넷째, 장기적 관점의 교육. 골프는 당장의 성장보다 몇 달, 몇 년 후의 성장을 기대할 수 있다. 평생 스포츠로 아이들이 자기관리, 목표 설정, 인내와 끈기 등을 키우는 데 초점을 둔다.

키즈 골프의
시작 시기

개별적인 성장 속도에 따라
달라지는 학습법

6세 이하(기본 신체 능력 발달)

6세 이상(운동 능력 발달+집중력 발달)

10세 이상(기술 훈련+규칙 학습)

아이들은 성장 시기에 개인차가 워낙 크기 때문에 연령별 신체 발달에 대한 내용은 참고하되, 가장 중요한 것은 아이 스스로가 관심과 흥미를 보일 때 시작하는 것이다.

발달 단계의 기준

첫째, 유아기
(6세 이하)

둘째, 저학년
(6세 이상~10세 이하)

셋째, 고학년
(10세 이상~)

키즈 골프는 아이의 발달 수준, 흥미, 운동 수행 능력 등을 종합적으로 고려하여 결정하는 것이 중요하다. 하지만 이런 조건을 모두 갖추었어도 아이 본인의 하고자 하는 의지가 가장 중요하다.

연령별 지도 포인트

키즈 골프의 시작 시기는 여러 가지 요소들을 종합적으로 고려해야 한다.

시작 시 고려해야 할 연령대별 특징은 다음과 같다.

첫째, 유아기(6세 이하). 이 시기에는 아이들의 기초적인 운동 능력이 형성되기 시작하고, 놀이 중심의 행동이 가능해지는 시기다. 가볍고 단순한 스윙 동작이나 기초적인 예절 정도를 놀이처럼 배울 수 있다.

둘째, 저학년(6세 이상~10세 이하). 이 시기에는 운동 수행 능력이 발달하고 집중력과 이해력이 증가하여, 기본적인 스윙 기술과 간단한 전략 등을 배울 수 있다.

셋째, 고학년(10세 이상). 이 시기에는 체력이 증가하고 기술의 습득 능력이 빨라져서 기술 중심의 교육과 경쟁의 참여가 가능하다. 단순한 놀이가 아닌 스포츠 활동으로 발전시키기 좋은 시기며, 멘탈 관리, 성취 목표 설정, 스코어 관리 등과 같은 골프의 전략적 측면도 교육할 수 있다.

시작 시 고려해야 할 요소들은 다음과 같다.

첫째, 신체 발달. 아이가 기본적인 근력, 균형 감각, 유연성 등이 형성되었는지?

둘째, 흥미와 자발성. 아이가 골프에 흥미를 보이고 호기심을 가지고 있는지?

셋째, 주의 집중력. 아이가 일정 수업 시간을 집중하고 참여할 수 있는 수준인지?

넷째, 정서적 안정감. 새로운 환경과 낯선 사람에 대한 적응력이 있는지?

  결론적으로 6세 이하의 유아들은 놀이 중심의 입문이 가능하고, 6세 이상~10세 이하의 저학년부터는 기술적인 훈련과 규칙 학습이 가능해지며, 10세 이상의 고학년은 고난도의 기술 및 다양한 전략 수행이 가능해진다.

CHAPTER 2

키즈 골프 지도자의 역할

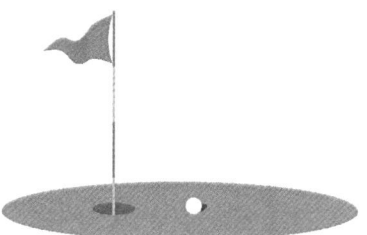

지도자의 자질

전문성과 인성을 모두 갖춘 조력자

전문 지식과 기술

의사소통 능력

동기 유발 능력

인내심과 배려

키즈 골프를 가르치는 지도자는 골프를 통해 아이들의 눈높이에서 신체적·정신적·사회적 성장을 이끌어 낼 수 있는 능력을 갖추어야 한다. 또한 아이들을 하나의 인격체로 인정하고 존중할 수 있어야 한다.

관찰자이자 조력자의 역할

첫째, 전문 지식과 기술
(골프 지식 및 지도 경험)

둘째, 의사소통 능력
(아이와 학부모 간의 소통)

셋째, 동기 유발 능력
(단계별 수업 설계)

넷째, 인내심과 배려
(유연한 태도 및 인성)

지도자는 새로운 환경을 낯설어하는 어린이들이 안전하고 즐겁게 골프를 경험할 수 있도록 도움을 주고, 도전과 실패를 응원하며 발달 상태와 감정을 세심하게 관찰하여 아이들이 무엇을 원하는지 수시로 파악해야 한다.

아이가 뭘 원하지는 귀 기울여 보자

키즈 골프 지도자는 단순히 골프 기술만을 가르치는 사람이 아니라 아이들의 성장과 발달을 돕는 교육자이자 멘토여야 한다.

키즈 골프 지도자가 갖추어야 할 역량은 다음과 같다.

첫째, 전문 지식과 기술. 지도자는 골프에 대한 전문 지식을 가지고 다양한 교육과 프로그램을 제공하여야 한다. 아이들은 금방 싫증을 느끼기 때문에 똑같은 수업의 반복은 흥미를 불러일으키지 못한다. 따라서 놀이 기반의 수업을 진행할 수 있어야 하며, 아이가 자연스럽게 흥미를 가지고 참여하도록 유도해야 한다.

둘째, 의사소통 능력. 무조건적인 지시보다는 수업 중간마다 느낌을 물어본다든지, 의사를 물어보며 소통해야 한다. 공이 잘 맞았을 때 어떤 느낌이었는지, 실패한 후 계속 도전할 것인지와 같은 질문을 통해 자기 의사를 표현하도록 하는 것이 좋다. 또 아이와의 소통만이 아닌, 아이를 믿고 맡긴 부모와의 소통도 유연해야 한다. 교육 목표 설정 및 방향을 공유할 수 있어야 한다.
아이 눈높이에 맞춘 언어를 사용할 줄 알아야 하며, 칭찬과 긍정적인 피드백을 통해 자신감과 성취감을 유도해야 한다.

셋째, 동기 유발 능력. 아이들이 자발적으로 하고 싶다는 마음이 들 수 있게 해야 한다. 예를 들어 매 수업마다 성공 미션을 정해 주고, 성공했을 시 간식 같은 가벼운 선물로 성공에 대한 포상을 주는 것도 좋다. 이때 주의해야 할 사항은 너무 성공하기 어려운 미션으로 아이들의 자신감을 떨어뜨리지 않도록 주의하고, 단계별 성공이 가능한 범위 안에서의 미션을 준비하도록 한다.

넷째, 인내심과 배려. 어른과 마찬가지로 아이들도 배운 내용을 습득할 수 있는 시간이 필요하다. 한번 듣고 동작을 따라 하기란 쉽지 않기 때문에 동작이 익숙해질 때까지 반복이 필요하다. 예를 들어 팔을 돌리라고 교육을 해 놓고 얼마 지나지 않아 다리를 돌리라고 하면 2가지를 한 번에 동시에 하기가 어려워 좌절감을 얻을 수도 있다. 또한 아이들을 하나의 인격체로서 인정해 주고 대하는 태도가 매우 중요하다.

결론적으로 키즈 골프 지도자는 아이들의 발달 단계에 대한 이해도를 가지고 개인차를 통한 연령별 맞춤 커리큘럼을 구성할 수 있어야 한다. 또한 아이의 성향이나 학습 스타일에 따라 맞춤 대응을 통해 골프에 참여하는 모든 아이들이 즐겁게 운동을 배울 수 있도록 조력하여야 한다. 이 밖에도 정직함이나 배려, 자기 조절 등과 같은 전인 교육까지 해 줄 수 있는 만능 선생님이 되어야 한다.

키즈 골프의
7가지 원칙

쉽지만 어려운 스킬

첫째, 쉽게

(설명은 쉽고 재미있게)

둘째, 목표 설정

(목표 설정은 명확하고 구체적으로)

셋째, 기다리기

(배운 내용을 습득할 수 있도록)

넷째, 칭찬하기

(자신감이 생길 수 있도록)

다섯째, 동기 부여

(흥미를 유발하여 지속력을 강화하도록)

여섯째, 의사소통

(심리적인 안정감이 들 수 있도록)

일곱째, 성공 미션

(성공에 대한 성취감을 느낄 수 있도록)

위 7가지 원칙만 지킨다면 최고의 키즈 골프 지도자가 될 수 있다. 누구나 할 수 있는 쉽지만 어려운 7가지 원칙.

개인차를 고려한
맞춤형 교육법 제시

　아이들에게 골프를 가르치기 위해서는 단순히 기술만을 주입해서는 안 된다. 아이들의 발달 단계를 이해하고 여러 가지 사항을 고려하여 그에 맞는 맞춤 프로그램을 제공하여야 한다. 따라서 키즈 골프 교육 시 도움이 될 수 있는 7가지 중요한 원칙을 소개한다. 그 원칙은 다음과 같다.

　첫째, 쉽게. 아이들에게 골프를 가르칠 때 교육자가 아닌 친구 같은 놀이 리더가 되어 주어야 한다. 어려운 용어의 사용을 자제하고, 최대한 쉬운 말이나 동작으로 설명해야 한다. 수업 중간에 놀이 요소를 넣어 주어 흥미를 유발하고, 다음엔 어떤 걸 해 볼지 아이가 고르게 하여 자율성을 주면 좋다. 말보다는 직접 보여 주는 것이 효과적이며, 한번에 여러 동작을 시키면 어려워하니 주의해야 한다. 단계별로 따라 하기 방식도 좋은 방식인데, "개구리처럼 다리로 점프해 봐" 등과 같이 자연스럽게 모방을 유도하는 방식도 좋다.

　용어는 다음과 같이 최대한 알아듣기 쉽고 간결하게 하는 것이 좋다. 굳이 어려운 전문 용어를 사용할 필요는 없다.

 어드레스 → 준비 자세
 코킹 → 손목 위로 꺾기
 릴리즈 → 손목 좌우로 돌리기
 힙 턴 → 허리 돌리기

설명은 다음과 같이 최대한 재미있게 하는 것이 좋다. 꼭 골프에 관련된 용어만을 사용할 필요는 없다.

"스키 타는 자세 할 수 있어?"
"여기까지 올리다가 왼손으로 오토바이 부릉부릉 해 볼까?"
"접시에다가 구슬 올려놓고 안 떨어뜨릴 수 있겠어?"
"스윙 끝나고 선생님이 '땡' 할 때까지 '얼음' 하고 있어 볼까?"
"얼마나 높이 뛸 수 있어? 개구리처럼 뛰어 볼까?"

둘째, 목표 설정. 아이들은 성취 목표 성향이 매우 강하다. 목표는 성공 여부를 알 수 있도록 최대한 명확하고 구체적이어야 한다. 너무 어렵지 않은 쉬운 목표부터 시작해야 한다. 예를 들면 아주 최소한의 동작을 성공했다고 느끼게 하는 것인데, 이럴 경우,

아이 스스로 내가 굉장히 잘했다고 생각하게 해서 운동을 지속하고 싶게 한다.

쉬운 목표 설정은 다음과 같다.

여기 올 때까지 왼팔을 쭉 펴면 성공이야!
뒤로 채를 들었을 때 머리가 안 움직이면 성공이야!
마지막에 오른발을 들고 넘어지지 않고 버티면 성공이야!

어려운 목표 설정은 다음과 같다.

공이 높이 뜨면 성공이야!
50M 넘어가게 치면 성공이야!
20M 그린 위에 올리면 성공이야!
5M 홀 컵 안에 들어가면 성공이야!

복잡한 목표 설정은 다음과 같다.

50M 넘어가게 치되, 저 원 안에 들어가면 성공이야!
20M 그린 위에 올리되, 홀 컵 3M 안에 붙이면 성공이야!
5M 홀 컵 안에 3번 연속해서 들어가면 성공이야!

셋째, 기다리기. 아이들이 배운 내용을 충분히 학습하고 몸이 기억할 수 있도록 동작을 반복하며 차분하게 기다려 주어야 한다. 동작을 반복하는 과정에서 한번에 여러 가지 동작을 교육하면 어려워하다 흥미를 잃고 포기할 수 있으니 주의하여야 한다. 아이들이 스스로 문제를 해결하는 연습 과정에서 성취감과 자신감을 느낄 수 있도록 인내심을 가지고 기다려야 한다.

학습하는 과정을 기다리면서 호응해 주는 것이 매우 중요한데, 방법은 다음과 같다.

"괜찮아. 잘하고 있어!"
"그래도 아까보다 훨씬 더 멀리 갔네?"
"이렇게만 하면 너무 멋지겠는걸?"
"어른도 잘 못하는 걸 겨우 10번 만에 해내다니, 대단해!"

넷째, 칭찬하기. 칭찬은 많을수록 좋고, 지적은 적을수록 좋다. 이처럼 칭찬은 키즈 골프에서 가장 강력한 교육 도구다. 어른의 칭찬과 인정은 아이들의 자신감, 행동 습관, 운동에 대한 긍정적인 태도를 형성하는 데 크게 기여한다. "정말 잘했어", "최고야"라는 칭찬 한마디에 자신도 할 수 있다는 믿음을 가지며 자신감을 얻고, 그 행동이 좋은 행동이었다는 인식이 생기며, 자연스럽게 그것을 반복하게 하여 자발적 참여와 올바른 학습 태도를 형성하게 한다. 또한 이 운동에 대한 긍정적인 태도를 만들어 장기적인 운동 지속에 긍정적인 역할을 한다.

주의해야 할 사항으로는 보통의 아이들이 모두 그런 건 아니지만 실패를 경험했을 때 칭찬과 격려보다 지적이 앞선다면 문제를 해결하기보다 회피하려는 행동을 보일 수 있다. 그렇기 때문에 실패하더라도 노력 자체에 대한 칭찬을 통해 자신감을 심어 주는 것이 매우 중요하다.

칭찬은 고래도 춤추게 한다. 아이들은 칭찬 욕구가 강하고 칭찬만큼 강한 자극은 없다. 작은 성공에도 아낌없이 칭찬해 주어야 하며, 그 방법은 다음과 같다.

"이렇게 무거운 골프채를 휘두르다니, 대단한데?"
"어른들도 겨우 맞추는데, 겨우 10번 만에 맞추다니, 대단해!"
"자세가 너무 멋져! 꼭 골프 선수 같은걸?"
"겨우 일주일 배우고 공을 이렇게 멀리 보내다니, 대단해!"

다섯째, 동기 부여. 아이들이 운동을 스스로 하고 싶어서 하게 만드는 것이 가장 중요하다. 즐겁게 경험한 운동은 오랫동안 긍정적으로 기억되고, 작은 성공이 동기를 키우고 또 도전하게 하는 자양분이 된다. 유아는 감정과 흥미 위주의 행동을 하기 때문에 내가 왜 해야 하는지가 명확해야 긍정적인 참여를 이끌어 낼 수 있다. 그렇기 때문에 끊임없이 동기를 부여할 수 있는 소재를 만들어 낼 수 있어야 한다.

동기 부여의 방법에는 놀이화, 성취 경험 제공, 칭찬, 협동 과 경쟁 등이 있는데, 운동을 놀이처럼 구성해야 자연스럽게 아이들이 몰입할 수 있다. 또 작은 목표부터 도달하게 하면 스스로 어려운 목표에도 도전하게 된다. 결과보다는 노력한 태도에 칭찬을 해 주는 것이 중요하며, 적당한 경쟁을 통해 흥미를 자극하는 것이 좋다.

6세 이전의 동기 부여는 동작 따라 하기 미션이 있다. 방법은 다음과 같다.

"개구리처럼 앉았다가 점프해 보자!"
"코끼리처럼 팔을 모아서 숙여 볼까?"
"비행기처럼 한 발 들고 서 있어 볼까?"
6세 이상의 동기 부여는 점수 내기, 기록 깨기 미션이 있다. 방법은 다음과 같다.

드라이버 비거리 최고 기록 갱신하기!
가장 먼 거리의 퍼터 성공하기!
스크린 게임 순위 1등 하기!

여섯째, 의사소통. 의사소통은 아이와 눈높이를 맞추고 신뢰를 쌓아가며, 수업에 집중하게 할 수 있는 좋은 기술이다. 아이들은 적절한 표현에 수업 효과가 높아지고 이해력이 향상되며, 소통이 원활한 지도자를 신뢰하며 믿고 따른다. 정확한 소통은 안전 지시와 규칙 전달에도 효과적으로 작용해 안전을 확보할 수 있다.

키즈 골프에서의 효과적인 의사소통 방법에는 눈 맞추고 말하기, 쉬운 말 사용하기, 시범 보여 주기, 모방 유도, 칭찬 등이 있다. 아이와 말할 때 자세를 낮춰 눈높이를 맞추고, 설명은 짧은 문장으로 너무 길지 않게 해 주며, 말로만 하기보다는 직접 시범을 보여 주는 것이 좋다. 또 "이렇게 해 봐"보단 "나처럼 해 볼래?"와 같이 자발적인 참여를 유도하고, 칭찬이라는 도구를 통해 서로의 감정을 교류하면 좋다.

목소리는 최대한 차분하고 빠르지 않게 해서 심리적인 안정감을 주어야 한다. 단, 안전 수칙에 어긋난 행동에는 단호한 목소리로 지적해 주어야 한다.

올바른 의사소통을 위해 수업 중간 아이의 반응을 살피는 것이 매우 중요한데, 방법은 다음과 같다.

표정이 어두워진다. (지루하거나 어려움)

계속 같은 질문을 반복한다. (설명이 너무 어려움)

말없이 멍하니 가만히 있다. (낯설거나 자신 없음)

일곱째, 성공 미션. 성공 미션은 아이들의 자신감 향상, 동기 부여 증가, 집중력 향상, 긍정적 학습 태도에 많은 도움을 준다. 작은 성공을 반복하며 긍정적인 학습 태도를 갖게 하면 목표를 이룰 때까지 주의가 흐트러지지 않아 수업 내내 몰입하게 한다. 이와 같은 성공 미션은 세심한 전략이 필요하다. 단계별로 개인차를 고려하여 난이도를 조절해야 하고, 성공이 명확하게 확인되도록 구체적인 목표를 제시해야 하며, 성공 시 스티커, 도장, 상품 등 보상을 확실히 하여 미션이 완료됐다는 인식을 주어야 한다. 미션에 성공했을 때 개인의 성공이 아닌 모두의 성공처럼 기뻐해 주면 더할 나위 없이 좋다.

성공에 대한 성취감을 느낄 수 있도록 매번 새로운 미션을 부여하면 좋은데, 방법은 다음과 같다.

드라이버 100M 넘겨 보기

아이언 70M 넘겨 보기

30M 어프로치 그린 위에 올려 보기

5M, 10M, 15M 퍼팅 넣어 보기

CHAPTER 3

키즈 골프 교육 프로그램

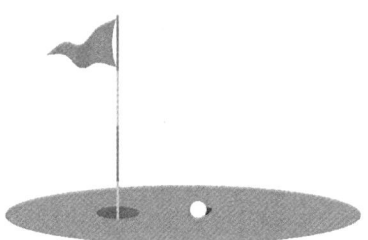

골프클럽 선택하기

저학년은 쉽게, 고학년은 다양하게

사이즈	연령	신장	구성	개수
Small (키즈)	5~7세	100~120cm	드라이버, 아이언 7번, 웨지 퍼터	4개
Regular (저학년)	8~10세	120~140cm	드라이버, 유틸리티, 아이언 7번, 9번, 웨지, 퍼터	6개
Large (고학년)	11~13세	140~160cm	드라이버, 우드, 유틸리티, 아이언 7번, 9번, 웨지, 퍼터	7개

골프클럽을 선택할 때는 나이, 키, 체력, 골프 경력 등 여러 가지 개인차를 고려해야 한다. 특히 키즈는 클럽이 너무 무거우면 스윙 자세를 망치거나 큰 부상으로 이어질 수 있기 때문에 신중하게

선택해야 한다.

 여러 개인차에 따라 클럽의 구성은 달라야 하며, 그 기준은 다음과 같다.

키즈(Small)

　7세 미만. 7세 미만은 보통 키가 100~120cm 미만인데, 이럴 경우, 아주 가벼운 그라파이트 소재의 초경량 샤프트와 페이스 면적이 넓은 큰 헤드가 좋다. 그래야 가볍고 맞추기가 쉬워 아이가 클럽을 다룰 수 있다.

　이 시기에는 성장이 너무 빨라서 너무 고가의 클럽을 구매했다가는 얼마 사용하지 못하고 금세 바꿔야 하는 경우가 발생하니 저렴한 금액의 클럽을 추천한다. 클럽의 구성은 드라이버, 아이언 7번, 웨지, 퍼터로 4개 정도가 적당한데, 다양한 구성보단 최소한의 개수를 가지고 시작하는 게 좋다.

저학년(Regular)

　10세 미만. 10세 미만은 보통 키가 120~140cm 미만인데, 어느 정도 체력이 올라온 나이라 길이와 무게도 중요하지만, 무엇보다 골프클럽의 구성이 중요하다. 길이나 무게는 키즈와 마찬가지로 가벼운 그라파이트 소재의 초경량 샤프트와 페이스 면적이 넓은 큰 헤드를 사용하고, 여러 가지 플레이가 가능하도록 클럽의 조화에 초점을 맞추어야 한다. 클럽의 구성은 드라이버, 아이언 7번, 아이언 9번, 웨지, 퍼터로 6개 이상 정도가 적당한데, 게임을 진행할 때 다양한 샷의 시도가 가능하도록 종류가 다양한 게 좋다.

고학년(Large)

　13세 미만. 13세 미만은 보통 키가 140~160cm 미만인데, 이 시기는 주니어 클럽과 성인 클럽 사이의 과도기로 골프클럽 선택에 있어 조금 더 전략적으로 접근해야 한다. 키, 근력, 골프 경력 등에 따라 클럽 개수도 달라야 하고, 샤프트나 헤드의 무게도 달라야 한다. 클럽의 구성은 드라이버, 우드, 유틸리티, 아이언 7번, 아이언 9번, 웨지, 퍼터로 7개 이상이 좋은데, 체력적으로 많이 성장하는 시기라 긴 클럽들도 무리 없이 소화할 수 있으며, 이에 따라 다양한 기술적 시도가 가능해지기 때문에 클럽을 골고루 다양하게 사용하는 것이 좋다.

　제일 좋은 방법은 아이가 골프클럽을 직접 휘둘러 보고 스윙을 하는 데 무리가 없는지 확인하면서 결정하는 것이 좋다. 또 저학년에서 고학년으로 올라갈수록 색상이나 디자인 같은 부분도 본인의 의사를 충분히 반영해 주는 것이 좋은데, 내가 좋아하는 디자인과 색상이어야 애착이 생기기 마련이다.

교육 순서

발달 단계별 순서 VS 골프클럽별 순서

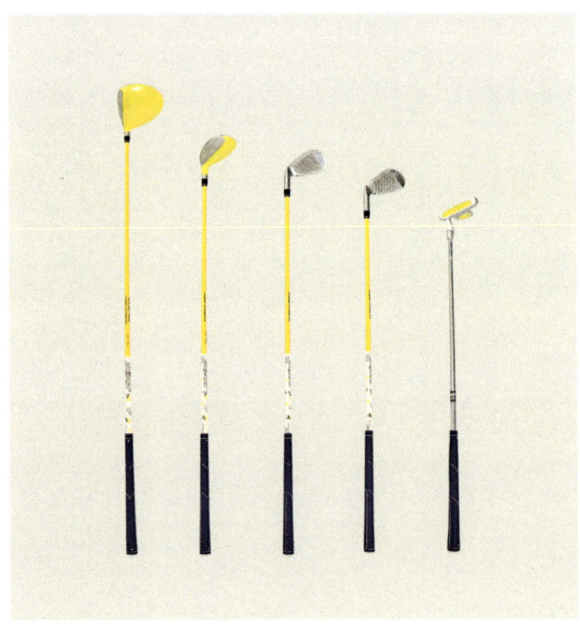

발달 단계별

골프클럽별

늦어도 2개월 안에는 모든 클럽을 한 번씩 배우고, 게임을 경험할 수 있어야 한다. 진도를 모두 매듭짓지 못하고 중간에 쉬게 되면 흥미를 잃어 운동 지속이 어려워질 수도 있다.

발달 단계별 특성 이해하기

첫째, 흥미 유발
(자연스럽게 익숙해지는 단계)

둘째, 기본 자세
(재미를 느끼는 단계)

셋째, 스윙 기술
(본격적인 교육의 단계)

넷째, 클럽 응용
(전략적 학습의 단계)

키즈 골프의 발달 단계별 교육 순서로는 흥미 유발, 기본자세, 스윙 기술, 클럽 응용이 있다. 위와 같은 발달 단계에 따른 특성을 고려하여 교육하는 것은 운동 수행 능력을 향상시키는 데 매우 효과적이다.

발달 단계별 교육 순서

키즈 골프 교육 시 단순히 스윙을 가르치는 것이 아니라 즐겁고, 자연스럽게 골프라는 종목을 이해하고 익숙해지도록 하는 단계별 교육이 중요하다. 아이들은 어른들과 주의 집중 시간, 근력, 재미 요소가 다르기 때문에 어른들과는 다르게 접근해야 한다.

아이마다 개인차가 있으니 비교하지 말고, 개인의 속도를 존중하고 이해하도록 하는 것이 중요하다. 이를 고려한 교육 순서는 다음과 같다.

첫째, 흥미 유발. 골프가 어떤 스포츠(놀이)인지 설명하고, 장비(도구)를 소개한다. 기본적인 설명으로 골프에 대한 최소한의 이해도가 생겼다면 미니게임을 통해 흥미를 유발시켜야 한다. 예를 들어 퍼팅으로 굴려서 구멍에 넣기, 타깃 맞추기 등 같이 단순하게 쉬운 놀이부터 시작하는 것이 좋다.

 안전을 위해 최소한의 에티켓에 대한 설명도 반드시 해 주어야 하는데, 위험한 장난에 주의하여야 한다.

 둘째, 기본자세. 어느 정도 흥미가 생기고 기초 지식이 생겼다면, 본격적인 교육을 시작해도 좋다. 그러나 이런 교육도 최대한 단순하고 쉽게 접근해야 한다. 교육에 들어가는 순간 흥미가 떨어질 수 있음을 주의해야 한다. 어드레스(준비 동작), 스탠스(발의 위치), 그립(골프클럽 잡는 방법)과 같은 기본적인 부분이 해결되면, 간결한 스윙 단계를 통해 전체적인 스윙을 만들어 본다. 이때 골프클럽이 아닌 작은 소도구를 이용해 빈 스윙을 하거나 맨몸 동작으로 스윙을 만들어 보는 것도 좋다.

 셋째, 스윙 기술. 이제 본격적으로 클럽별 사용법을 익히고 기술을 습득해 나가도 좋다. 비거리를 낸다든지, 거리를 조절한다든지 실전에서 사용할 수 있는 기술들과 그것을 응용할 수 있는 요령을 터득할 수 있다. 예를 들어 웨지 거리 조절이라든지, 퍼팅의 경사와 라인을 본다든지 등 실전 기술을 응용해 볼 수 있다.

넷째, 클럽 응용. 골프에 대한 이해도를 가지고 실천 플레이 및 전략적 대응이 가능해졌다면, 이제 배운 내용들을 내 스스로의 창의력을 발휘하여 접목할 수 있는 단계다. 예를 들면 '그린까지 남은 거리가 150M인데, 첫 번째 샷을 우드로 100M 정도 보내고 내가 가장 좋아하는 50M 정도를 최종 거리로 남겨 웨지로 마무리하겠다'와 같은 전략적 플레이가 가능해진다.

발달 단계별 개인차를 고려해서 교육하되 아이를 수시로 살피면서 지루해하면 진도를 조금 빨리 나간다든지, 빠른 진도로 어려워하면 똑같은 걸 여러 번 반복한다든지 하는 요령과 재치가 필요하다.

골프클럽별 특성 이해하기

첫째, 7번 아이언

(시작은 가장 쉽게)

둘째, 드라이버

(서로 가장 다른 클럽 경험하기)

셋째, 웨지

(플레이를 끝맺기 위해)

넷째, 퍼터

(플레이의 마무리)

다섯째, 우드, 유틸리티

(플레이에 도움을 주는)

키즈 골프의 골프클럽별 교육 순서는 7번 아이언 > 드라이버 > 웨지 > 퍼터 > 우드, 유틸리티 순으로 진행하는 것이 좋은데, 이 순서가 게임을 가장 빨리 도달하게 하여 아이들이 골프를 지속하는 데 많은 도움을 준다.

골프클럽별 교육 순서

7번 아이언

　7번 아이언으로 처음 골프를 시작하는 이유는 모든 클럽 중에 가장 길지도 짧지도 않은 딱 중간 정도의 길이와 무게이기 때문이다. 따라서 다루기가 쉽고, 처음 스윙 자세를 익히기 적합하기 때문에 골프의 시작은 7번이 적합하다. 또한 힘이 약한 키즈의 경우, 클럽을 휘두르는 스피드가 느려 공이 뜨지 않을 가능성이 높은데, 7번 아이언은 공을 쉽게 띄울 수 있다는 장점이 있다.

드라이버

　7번 아이언으로 어느 정도 기본기를 익혔다면, 아이언과 가장 성격이 다른 골프클럽인 드라이버를 배우는 게 좋다. 아이언에 비해 클럽이 길어서 맞추기가 어렵고, 두 클럽의 궤도 차이를 이해하기 쉽지 않지만 서로 다른 클럽의 차이를 이해하는 데 큰 도움이 된다. 아이언과 드라이버의 궤도는 극과 극인데, 이 두 가지 궤도만 이해하면 다른 모든 클럽을 배울 때 아이언처럼 치거나 드라이버처럼 치면 된다는 교육이 가능해진다. 가장 어려우면서 아이들이 가장 흥미를 가지는 클럽 중 하나다.

웨지

아이언과 드라이버를 배웠다면 이제 시작은 했으니 끝맺음을 할 수 있는 골프클럽에 대해 배워야 한다. 웨지는 힘과 거리의 조절이 필요해서 아이들이 가장 어려워하는 클럽 중 하나다. 스윙 크기별로 단계를 나누어 거리 조절을 할 수 있는데, 아이들의 경우 1단계, 2단계, 3단계와 같이 최소한의 단계로 거리를 조절하도록 하는 것이 좋다. 웨지를 배우면 이제 게임의 마무리가 가능해지며, 본격적인 게임이 가능해진다.

퍼터

게임의 최종 마무리인 퍼터를 배우면 이제 게임을 진행할 수 있고, 어느 정도 골프에 대한 기본기를 갖춘 것이다. 여러 가지 변수가 많아 홀컵에 공을 넣는 것이 쉽지 않지만 스윙 자체가 어려운 건 아니기 때문에 큰 거부감은 없다.

우드, 유틸리티

우드와 유틸리티는 교육 맨 마지막에 배우는 것이 좋은데, 이유는 아이들이 배우는 과정에서 너무 많은 양의 클럽을 한번에 배우면 헷갈려하기 때문에 플레이에 꼭 필요한 클럽을 먼저 배우고, 최종적으로 우드와 유틸리티를 배워서 부족한 부분(비거리 부족)을 채워 주는 것이 좋다. 그렇게 하면 교육에 대한 거부감도 없고, 플레이에 도움이 되는 새로운 클럽에 대한 관심도 증가할 수 있다.

그립

연령별 적합한 그립

키즈(3세~7세)

Baseball

초등학생(8세~12세)

Interlocking

중학생(13세 이상)

Overlapping

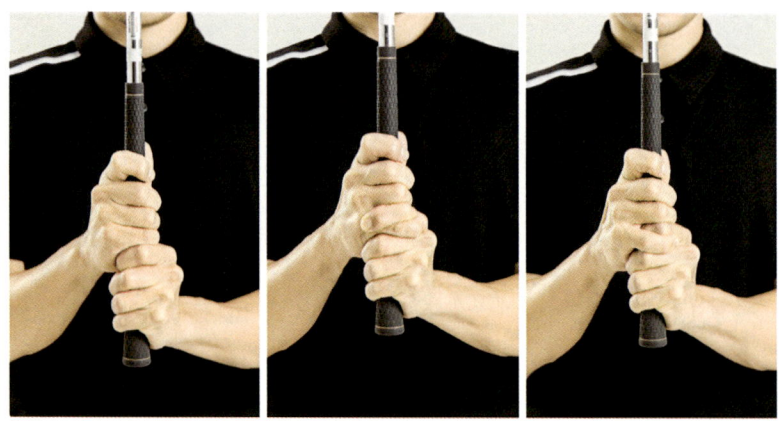

베이스볼 그립　　　　　인터로킹 그립　　　　　오버래핑 그립

　손가락 길이가 짧고 힘이 약한 유아의 경우, 베이스볼 그립이 적합하다. 단, 이 시기에는 유아별 개인차가 심하니 인터로킹 그립과 병행할 수 있다.

그립의 종류 및 특징

 그립은 골프클럽을 잡는 방식을 뜻하며, 스윙의 정확성과 일관성 등 다양한 부분에서 영향을 미친다. 그립을 잡는 방식에 따라 거리가 많이 나가기도 하고, 방향이 똑바로 가기도 한다. 그렇기 때문에 나에게 맞는 그립을 선택하는 것은 매우 중요하다. 이를 위해서는 손가락의 길이나 두께, 힘 등 개인차에 따라 고려해야 할 부분들이 많다.

 그립은 대표적으로 세 가지 방식이 있으며, 그 방법은 다음과 같다.

베이스볼 그립(Baseball Grip)

 베이스볼 그립은 키즈들이 가장 많이 사용하는 방식으로, 양손이 완전히 붙어 있으며, 마치 야구방망이를 잡고 있는 방식에 그립이다. 힘이 약하거나 손이 매우 작은 아이들에게 적합한 그립이다.

 또한 장애를 가지고 있거나 손가락 개수가 부족한 성인들이 사용하기도 한다.

인터로킹 그립(Interlocking Grip)

　인터로킹 그립은 여성들이나 아이들이 가장 많이 사용하는 그립이다. 오른손 새끼손가락과 왼손 검지를 서로 끼워 넣고 고리를 거는 그립으로, 손이 작거나 힘이 약한 키즈 및 여성 골퍼에게 적합하다.

　타이거 우즈와 같은 엘리트 남자 선수들 및 일반 상급자도 인터로킹 그립을 구사하는데, 이는 컨트롤 능력이 좋은 상급자가 더 강한 힘을 만들어 내기 위해서다.

오버래핑 그립(Overlapping Grip)

　오버래핑 그립은 가장 일반적인 그립이다. 오른손 새끼손가락이 왼손 검지와 중지 사이에 얹혀 있는 그립으로, 손이 크고 힘이 좋은 골퍼에게 적합하다. 남자들의 90% 이상이 오버래핑 그립을 사용하며, 여자들 중 상급자인 경우 사용하기도 한다.

　종합적으로 고려했을 때 7세 미만의 키즈들은 베이스볼 그립이 적합하며, 초등학교 저학년까지는 인터로킹 그립을, 초등학교 고학년 이상의 경우 오버래핑을 선택할 수 있다. 키즈의 경우, 성인보다 간단하고 자연스러운 그립 방법으로 시작하는 것이 좋다.

그립을 잡을 때 손의 압력이 너무 강하면 동작에 방해가 되거나 클럽 스피드를 감속시킨다. 양손이 따로 놀지 않을 정도의 가벼운 힘 정도면 충분하다.

· 교육 시 적합한 예시
"치약이 흘러나오지 않을 정도로 잡아 볼까?"
"음료수 캔이 찌그러지지 않을 정도로 잡아 볼까?"

스윙은 거울 보듯

마치 거울을 보듯 앞, 뒤 모양 똑같이 스윙하기

아이들을 교육할 때 가장 중요한 핵심은 어떻게 하면 쉽게 기억할 수 있도록 전달하느냐다. 위치, 모양 등 앞, 뒤 자세를 거울 보듯 똑같이 일치하도록 최대한 쉽게 설명해 보자!

간결하고 이해하기 쉽게 설명하기

골프 스윙은 여러 가지 동작으로 이루어져 있는데, 아이들마다 개인차와 집중력 차이가 크기 때문에 최대한 간결하고 이해하기 쉽게 설명하는 것이 중요하다.

한쪽 스윙 자세를 설명하고, 마치 거울을 보듯이 반대쪽도 똑같은 자세를 취하게 하면 아이들이 쉽게 이해할 수 있다. 이처럼 클럽의 위치, 팔과 다리의 모양 등을 일체감 있게 맞추게 되면 단순하고 재미있게 그리고 몸이 기억할 수 있게 해 준다.

아이들을 교육할 때 최대한 쉽게 기억할 수 있도록 전달하는 게 핵심이다. 스윙을 쉽게 가르치는 방법은 다음과 같다.

"자, ○○가 이 자세를 똑같이 흉내 내 볼까?"

"선생님보다 똑같이 따라 할 수 있어?"

3단계로
풀스윙 완성

골프 스윙의 7단계

골프 스윙은 어드레스, 테이크백, 백스윙탑, 다운스윙, 임팩트, 팔로우스루, 피니시와 같이 7가지 단계로 나누어져 있다. 이렇게 여러 가지 단계를 부분적으로 습득하여 하나의 연결된 큰 동작으로 만드는 것을 풀스윙이라고 한다.

우선 골프 스윙의 7가지 단계인 어드레스 〉 테이크백 〉 백스윙탑 〉 다운스윙 〉 임팩트 〉 팔로우스루 〉 피니쉬에 대해 알아보자.

첫째, 어드레스. 어드레스는 스윙을 하기 위한 준비 동작으로, 스윙의 시작점이다. 발을 어깨너비만큼 벌리고 허리와 무릎을 살짝 숙인 뒤 서는 동작으로, 체중은 양발에 균등하게 분배한다. 그립을 잡은 양손과 몸의 간격은 주먹 하나 정도가 적당하다.

둘째, 테이크백. 테이크백은 백스윙의 시작 구간으로, 에너지를 축적하기 위한 준비 동작이다. 클럽을 천천히 뒤로 빼며 회전을 시작하고, 하체는 고정시킨다. 최대한 양팔을 펴 주고, 체중이 오른발로 이동하며 이때 시선은 계속 공에 위치하여야 한다.

셋째, 백스윙탑. 백스윙탑은 백스윙의 정점을 의미하며, 스윙의 가장 높은 위치로 몸통을 꼬아 파워를 축적해 놓은 단계를 말한다. 골프클럽의 샤프트가 지면과 평행하게 하고 왼쪽 어깨가 턱 아래까지 오도록 충분히 회전한다. 이때 체중은 오른쪽 다리에 쏠려 있고, 손목은 코킹이 완료되어 있어야 한다.

넷째, 다운스윙. 다운스윙은 공에 힘을 전달하는 핵심 동작으로, 하체가 리드하며 회전이 시작된다. 체중은 왼쪽 다리로 이동하고 클럽 헤드가 공을 향해 가속하는 구간이다. 이때, 손목의 코킹을 임팩트 직전까지 유지(레깅 동작)하다가 공을 치기 바로 직전에 풀어 준다.

다섯째, 임팩트. 공이 클럽에 맞는 순간으로 에너지가 최대로 전달되는 단계다. 워낙 순식간에 이루어지는 단계라 조절이 쉽지 않다. 손이 공보다 앞에 있어야 하고(핸드 퍼스트), 시선은 공에 집중한 상태로 체중을 왼쪽에 집중시켜야 한다. 임팩트 순간까지 척추 각을 유지하는 것이 좋다.

여섯째, 팔로우스루. 스윙의 마무리 동작이며, 방향성과 비거리를 결정짓는 요소이기도 하다. 상체는 완전히 회전시키고, 체중은 왼발에 모두 집중시킨다. 양팔을 타깃 방향으로 멀리 던져 준다는 생각으로 스윙을 해야 자연스럽게 팔이 펴지고 원심력이 생긴다. 머리가 나가지 않도록 주의하는 것이 좋다.

일곱째, 피니시. 스윙의 최종 완성이며, 밸런스를 유지하는 것이 관건이다. 클럽은 왼쪽 어깨 위에 감아 주고, 몸은 타깃을 향해 돌아 준다. 체중은 왼발에 모두 실려 있고, 오른발이 모두 들려 있어야 하며, 오른쪽 허벅지를 왼쪽 허벅지에 붙여 준다. 피니시 구간에서 3초 정도 멈추고, 공이 날아가는 것을 보면 밸런스 유지에 도움이 된다.

골프의 스윙은 기본적으로 이렇게 7가지 단계로 구분할 수 있으며, 각 단계가 서로 조화를 이루어야만 좋은 스윙을 구사할 수 있다.

3단계로 나눠서 빠르게 풀스윙 완성하기

1단계(허리 높이)   2단계(어깨 높이)   3단계(머리 높이)

아이들에게 너무 많은 단계를 전부 설명하면 금방 싫증을 느끼고, 집중력이 떨어진다. 따라서 골프 스윙의 7단계 중 가장 중요한 동작 3가지만을 엄선하여 최대한 간결하고 이해하기 쉽게 전달하도록 해 보자.

단계별 지도법과 중요 동작

(1) 어드레스

(셋 업)

어드레스 시 가장 중요한 핵심 동작은 척추 각도다.

(2) 1단계 스윙

(허리 높이)

1단계 스윙 시 가장 중요한 핵심 동작은 회전이다.

(3) 2단계 스윙

(어깨 높이)

2단계 스윙 시 가장 중요한 핵심 동작은 코킹이다.

(4) 3단계 스윙

(머리 높이)

3단계 스윙 시 가장 중요한 핵심 동작은 쟁반이다.

허리-어깨-머리 높이만 기억하기!

어드레스

1. 양발 어깨너비로 서기

2. 왼발 15도 열어 주기

3. 배꼽인사 하듯이 엉덩이 빼고 허리 숙이기

어드레스는 스윙의 준비 자세로, 스탠스 및 정렬이 중요하며, 핵심 동작은 척추 각도다.

척추 각도 만드는 맨몸 훈련

아이들은 코어 힘이 부족해 척추가 잘 구부러진다.

팔꿈치 모으기   팔꿈치 하늘로 들어 주기

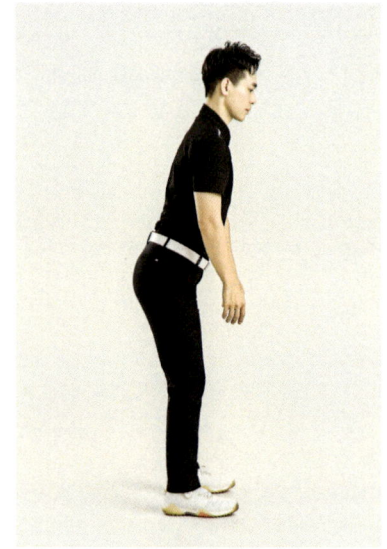

엉덩이 빼기   팔꿈치 풀어 주고 턱 내리기

아이들은 척추를 곧게 세우지 못하고 구부리려는 경향이 있다. 이때 다음과 같은 방법으로 연습을 해 보면 척추를 펴 주는 데 도움이 된다. 팔꿈치를 모아서 어깨 높이보다 조금 더 들어 올려 준 후, 그대로 엉덩이를 뺀 다음, 턱만 아래로 내려 주면 된다. 이렇게 하면 구부러졌던 척추가 곧게 펴질 것이다.

1단계 스윙

1. 클럽은 허리 높이로 들어 주기
2. 클럽이 지면과 평행하게
3. 배꼽과 클럽을 맞춰서 회전하기

　1단계 스윙은 클럽을 서서히 뒤로 빼기 시작하는 단계며, 핵심 동작은 회전이다.

회전을 만드는 맨몸 훈련

　일반적으로 회전 시 왼쪽 어깨를 회전하지만, 상체만 회전될 경우가 많아 배꼽을 돌려주면 상·하체 회전에 매우 효과적이다.

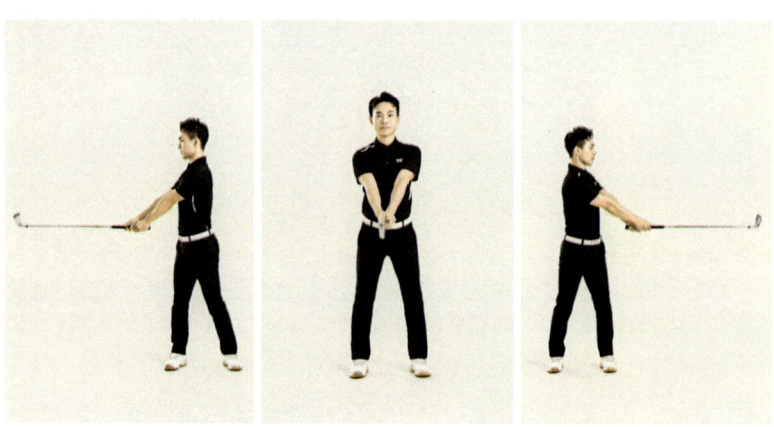

　배꼽과 클럽을 일체감 있게 맞춘 후, 양쪽으로 회전해 주면 몸과 클럽의 일체감을 만들 수 있다. 또한 상체나 하체 어느 한 부분만 회전되는 것이 아니라 상·하체가 동시에 사용되기 때문에 회전을 이해하기 좋은 방법이다.

2단계 스윙

1. 클럽은 어깨 높이로 들어 주기
2. 클럽은 하늘을 향하게(한글 'ㄴ' 자)
3. 손목은 엄지가 위를 향하도록 꺾어 주기

2단계 스윙은 몸통의 회전과 손목이 코킹 하는 단계며, 핵심 동작은 코킹이다.

코킹을 만드는 맨몸 훈련

 코킹은 손목을 꺾는 동작을 말하며, 파워와 정확도를 높이는데 매우 중요한 요소다. 백스윙 도중 클럽 샤프트와 왼팔의 각도를 만드는 것이다.

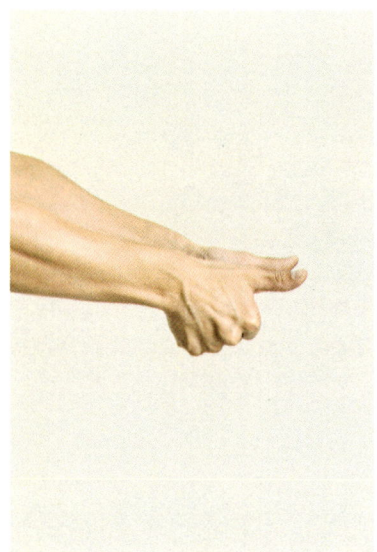 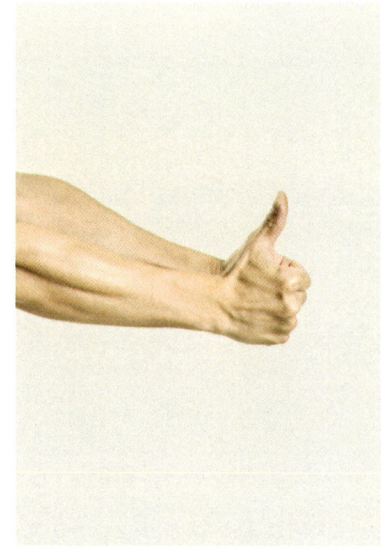

 양손의 엄지를 하늘로 치켜올리는 따봉 동작을 위아래로 반복한다. 이때 엄지를 절대 옆으로 돌려서는 안 된다. 반드시 엄지가 가리키는 방향은 하늘이어야 한다.

3단계 스윙

1. 클럽은 머리 높이로 들어 주기
2. 클럽이 지면과 평행하게(한글 'ㄷ' 자)
3. 클럽을 쟁반 받치듯 받쳐 주기

3단계 스윙은 백스윙 최고 지점에서의 에너지 저장이며, 핵심 동작은 쟁반이다.

쟁반을 만드는 맨몸 훈련

접시에 구슬을 올려놨다고 생각하고 손바닥으로 받쳐 주기. 백스윙 정점에서 오른쪽 손목이 뒤로 꺾여 있어야 하며, 피니시 때 왼쪽 손목이 똑같이 뒤로 꺾여 있어야 한다.

오른쪽 손바닥에 리모컨, 핸드폰, 접시 등과 같은 물건을 올려놓고, 백스윙 정점까지 떨어뜨리지 않고 올렸다가 내리는 동작을 반복한다.

클럽별 교육

사용 목적이 다른, 클럽의 용도

(1) 아이언

(그린에 올리는 클럽)

아이언 스윙 시 가장 중요한 핵심 동작은 찍어 치기

(2) 드라이버

(가장 멀리 날리는 클럽)

드라이버 스윙 시 가장 중요한 핵심 동작은 올려 치기

(3) 우드, 유틸리티

(드라이버 다음으로 멀리 날리는 클럽)

우드, 유틸리티 스윙 시 가장 중요한 핵심 동작은 우드는 드라이버처럼,

유틸리티는 아이언처럼 치기

(4) 웨지

(그린 주변 가까운 곳에서 올리는 클럽)

웨지 스윙 시 가장 중요한 핵심 동작은 쓸어 치기

(5) 퍼터

(홀 컵에 넣는 클럽)

퍼터 스윙 시 가장 중요한 핵심 동작은 밀어 치기

골프클럽은 비거리와 정확도에 따라 그 사용 목적이 다르다. 아이들의 눈높이에 맞는 설명을 통해 각 클럽의 용도를 교육해야 한다.

아이언

 아이언은 그린을 공략할 때 사용하는 골프클럽으로, 긴 거리보단 짧은 거리에서 정확한 샷이 필요할 때 사용하는 클럽이다. 롱 아이언, 미들 아이언, 숏 아이언으로 나뉘는데, 롱 아이언은 비거리가 많이 나지만 다루기가 어렵고, 미들 아이언은 중거리나 단거리에서 그린을 공략할 때 유용하게 사용하며, 초보자도 비교적 쉽게 다룰 수 있어 가장 많이 사용된다. 숏 아이언은 짧은 거리에서 정확도를 요구할 때 많이 사용된다. 성인은 일반적으로 남성의 경우 5번~9번까지, 여성의 경우 6번~9번까지 사용하는데, 아이들의 경우, 3~9세는 7번, 9~12세는 7, 9번, 아이언을 주로 사용한다.

공은 다리 사이 정중앙에 놓고, 궤도를 세로로 세워서 찍어 쳐야 한다.

드라이버

드라이버는 골프클럽 중 가장 길고 헤드가 크며, 비거리가 많이 나가는 클럽이다. 첫 티샷을 할 때 사용하며, 아이언보다 정확도

가 낮기 때문에 많은 연습이 필요하다. 티 높이는 공의 절반 정도가 클럽 페이스 위로 올라오는 정도가 적당하고, 스탠스는 아이언보다 한 발 정도 더 벌려 준다. 임팩트 시 체중이 오른발에 약간 남아 있는 게 올려 치는 샷을 하는 데 도움을 준다. 성인은 일반적으로 43~46인치를 사용하는데, 아이들의 경우 3~6세는 33인치 이하, 6~9세는 33~36인치, 9~12세는 37~40인치를 주로 사용한다.

공은 왼발 뒤꿈치 끝 쪽에 놓고, 궤도를 가로로 눕혀서 올려 쳐야 한다.

우드, 유틸리티

우드는 드라이버 다음으로 비거리가 많이 나가는 클럽으로, 주로 긴 거리가 남았을 때 세컨 샷으로 많이 사용하는 골프클럽이다. 경사가 많은 곳에서는 다루기가 어려워 주로 티샷을 하거나 페어웨이에서 사용한다. 드라이버보단 정확하지만 아이언보단 정확성이 떨어진다. 유틸리티는 드라이버, 우드 다음으로 비거리가 많이 나가는 클럽으로, 아이언보다 쉽게 멀리 치고 싶을 때 주로 사용하는 클럽이다. 우드에 비해 경사가 있거나 러프에 있어도 비교적 안정적인 샷이 가능한 클럽이다. 성인은 일반적으로 우드는 43~44인치, 유틸리티는 39~40인치를 사용하는데, 아이들의 경우, 우드는 32~33인치를, 유틸리티는 31~32인치를 주로 사용한다.

공은 정중앙에서 공 하나만큼 왼쪽에 놓고, 우드는 드라이버처럼 눕혀서, 유틸리티는 아이언처럼 세워서 쳐야 한다.

웨지

거리 조절 2·4·6 법칙

준비동작

20m (허리 높이)

40m (어깨 높이)

60m (머리 높이)

웨지는 그린 주변 짧은 거리에서 핀에 공을 가까이 붙일 때 사용하는 골프클럽이다. 샷의 종류에는 크게 세 가지가 있는데, 공을 높이 띄우는 로브 샷, 공을 낮게 굴리는 러닝 어프로치 샷, 공을 살짝 띄웠다가 굴리는 피치 샷이 있다.

성인은 일반적으로 그린 주변에서 PW(48도), AW(52도), SW(56도)를 사용하는데, 아이들의 경우 6세~9세까지 SW(42-46도), 9세~12세까지 9번 아이언(42~46도), SW(52~56도) 정도를 주로 사용한다. 성인에 비해 비거리가 적게 나가기 때문에 성인클럽보다 로프트 각이 조금씩 더 낮으며, 똑같은 클럽이라도 로프트 각도가 다를 수 있다.

공은 정중앙에서 공 하나만큼 오른쪽에 두고, 스탠스는 어깨너비보다 한 발 좁게 서서 왼발을 조금 뒤로 뺀다. 거리 조절은 백스윙의 높이로 하고, 앞과 뒤의 모양을 똑같이 맞추며 지나가도록 쓸어 친다.

퍼터

거리 조절 5·10·15 법칙

퍼터 준비 동작

5m (엄지발가락)   10m (새끼발가락)   15m (오른쪽 허벅지)

피니쉬 (왼쪽 새끼발가락)

퍼터는 그린 위에서 홀컵에 공을 넣을 때 사용하며, 홀을 마무리하는 아주 중요한 클럽이다. 헤드 모양의 종류로는 크게 두 가지가 있는데, 헤드가 얇은 블레이드형 퍼터와 크고 둥그런 모양의 말렛형 퍼터가 있다. 블레이드형은 얇은 디자인으로 롱퍼팅에 유리해 중·상급자가 주로 사용하고, 말렛형은 무게 밸런스가 좋아 직진성과 안정감을 주어 초보자가 많이 사용한다. 성인은 일반적으로 32~34인치를 사용하는데, 아이들의 경우 3~6세는 22~24인치, 6~9세는 25~27인치, 9~12세는 28~30인치를 주로 사용한다.

공은 정중앙에서 공 하나만큼 왼쪽에 두고, 스탠스를 어깨너비로 서 준다. 거리 조절은 백스윙의 크기로 조절하도록 하고, 끊어 치지 않도록 밀어 친다.

주의 사항

OUT-IN

out-in은 초보 골퍼들에게 많이 일어나는 현상으로, 공의 구질(방향, 회전)에 큰 영향을 미치는 궤도다. 아이들은 성장이 완전하지 않아 골프클럽을 무겁게 느끼고, 이로 인해 out-in 궤도가 자주 발생한다. 이를 해결하기 위한 맨몸 동작은 다음과 같다.

공을 오른쪽 바닥에 내려놓으며 그대로 회전해 보면 골프클럽을 어디에 내려놓아야 하는지 쉽게 느낄 수 있어 out-in으로 덮어 치는 궤도를 쉽게 교정할 수 있다.

CHAPTER 4

키즈 골프 트레이닝

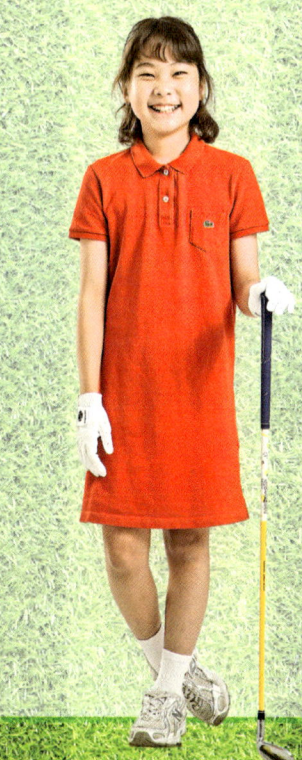

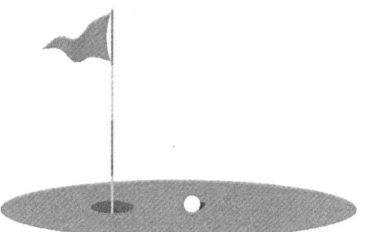

키즈 골프 트레이닝의 3요소

기능보단 활성화에 초점

(1) 파워

(체중 이동)

(2) 스피드

(릴리즈)

(3) 밸런스

(트랜지션)

스윙을 하기 전 가벼운 트레이닝은 근육의 활성화에 도움을 주며, 운동 수행 능력을 증가시킨다. 기능에 초점이 맞춰지지 않도록 세트 수가 많아지는 것을 주의한다.

파워(체중 이동)

골프에서 체중 이동은 파워와 비거리에 직결되는 매우 중요한 요소다. 올바른 체중 이동은 클럽 헤드 속도를 증가시키고, 스윙 밸런스를 유지하는 데 도움을 준다. 아이들은 체중 이동 시 몸이 가벼워 가끔 지면에서 발바닥이 들리는 경우가 있다. 이는 어떻게든 발바닥으로 지면을 차고 튀어 오르며, 지면의 반발을 느끼고

자 하는 본능적인 행위이니 발바닥이 지면에서 조금 떨어져도 괜찮다.

골프 스윙 시 체중 이동은 단계별로 다르게 변화하는데, 그 흐름은 다음과 같다.

어드레스 시 양발에 50 대 50로 균등하게 분배되어 있다가 백스윙을 시작하며, 회전에 의해 자연스럽게 오른발로 70% 정도 이동된다. 이때, 몸 전체가 오른쪽으로 쏠리지 않도록 주의해야 한다.
다운스윙이 시작되면서 하체 리드에 의해 왼발로 체중이 빠르게 이동되며, 이때 몸 전체가 왼쪽에서 쏠리지 않도록 주의한다. 그렇게 임팩트까지 연결되었을 때 체중은 거의 왼발에 90% 가까이 실려 있다가, 마지막 피니쉬가 되었을 때 완전하게 왼발로 체중이 이동된다.
체중 이동 시 몸이 스웨이(좌우 움직임) 되지 않도록 주의하고, 회전 내에서의 몸무게를 이동시킬 수 있어야 한다.

1단계 - 펭귄처럼 오른발 왼발 들어 주기

1. 양팔을 벌리고 체중을 오른발로 서서히 이동시킨다.
2. 양팔을 벌리고 체중을 왼발로 서서히 이동시킨다.
3. 오른발 왼발 체중을 교대로 이동시켜 본다.

아이들이 체중 이동을 쉽고 재미있게 이해할 수 있도록 펭귄을 흉내 내듯이 오른발 왼발 교차로 이동시킨다. 체중의 이동을 느낄 수 있다면 몸이 옆으로 쏠려도 좋다.

2단계 - 다리 모았다 왼발 벌리며 스윙하기

1. 다리를 모아서 준비한다.

2. 백스윙을 올림과 동시에 왼발을 이동시킨다.

3. 피니쉬 동작을 취한다.

다리를 모은 상태로 백스윙을 올렸다가 왼발을 디디면서 다운스윙을 진행해 보면 언제 체중이 왼발로 이동되어야 하는지 정확하게 알 수 있다. 이때, 상체가 왼쪽으로 쏠리지 않도록 주의해야 한다.

3단계 - 왼발 뒤꿈치 들었다가 디디면서 스윙하기

1. 백스윙과 동시에 왼발 뒤꿈치를 들어 준다.
2. 왼발 뒤꿈치를 디디며 다운스윙 한다.
3. 피니쉬 동작을 취한다.

왼발로 체중이 넘어오는 것을 쉽게 느낄 수 있는 동작이다. 왼발 뒤꿈치를 들었다가 디뎌 줄 때, 몸이 좌우로 스웨이(좌우 움직임) 되지 않도록 주의하며 제자리 회전을 해야 한다.

4단계 - 오른발 밟고 백스윙, 왼발 밟고 다운스윙

1. 오른발에 체중을 옮겨놓고 백스윙 한다.
2. 왼발에 체중을 옮겨놓고 다운스윙 한다.
3. 피니쉬 동작을 취한다.

체중 이동이 먼저 이루어진 뒤 백스윙과 다운스윙이 만들어져 순서에 대한 명확한 이해를 돕는다. 과하다 싶을 정도로 동작을 끊으면서 밟고 올리고, 밟고 내려 주면 체중 이동에 대한 느낌을 극대화시킬 수 있다.

5단계 - 앉으면서 백스윙, 일어나면서 다운스윙

1. 무릎으로 앉으면서 팔을 들어 준다.

2. 무릎으로 일어나면서 팔을 내려 준다.

3. 피니쉬 동작을 취한다.

무릎으로 앉으면서 팔을 들었다가, 일어나면서 팔을 내려 주면 하체의 지면 반력을 정확하게 느낄 수 있다. 또한 하체와 팔이 어떻게 협응해야 하는지 알 수 있는 아주 좋은 동작이다. 단, 너무 어린 유아들의 무릎에는 무리를 줄 수 있으니 주의해야 한다.

스피드(릴리즈)

  골프에서 릴리즈는 스윙 중 손목의 코킹이 풀리며 클럽헤드가 가속되는 것을 말하며, 빠른 릴리즈를 구사할수록 클럽헤드 스피드가 빨라져 비거리를 증가시킨다.

  골프 스윙 시 릴리의 스피드는 많은 부분에 영향을 미치는데, 그 요소들은 다음과 같다.

  첫째, 비거리. 릴리즈의 스피드는 클럽헤드 스피드를 증가시켜 폭발적인 비거리를 만들어 낸다.

  둘째, 방향성. 릴리즈를 통해 임팩트 순간 클럽과 몸의 타이밍을 맞춰야 직진성을 확보할 수 있다.

  셋째, 스핀. 릴리즈의 사용량에 따라 스핀의 정도가 달라져 컨트롤 샷이 가능해진다.

  스피드를 내려면 백스윙 때 코킹을 타이트하게 만들어 준 뒤 다운스윙 때 강하게 풀어 줘야 최대치의 스피드를 발생시킨다. 또한 레깅이라는 동작을 통해 최대한 공 근처까지 코킹을 풀지 않고

가져왔다가 순식간에 풀어 주면 스피드가 폭발적으로 상승한다. 아이들의 경우 비거리를 내기 위해 하체 동작보다 쉽고 편한 릴리즈를 많이 사용한다.

1단계 - 리본 및 먼지떨이 털기

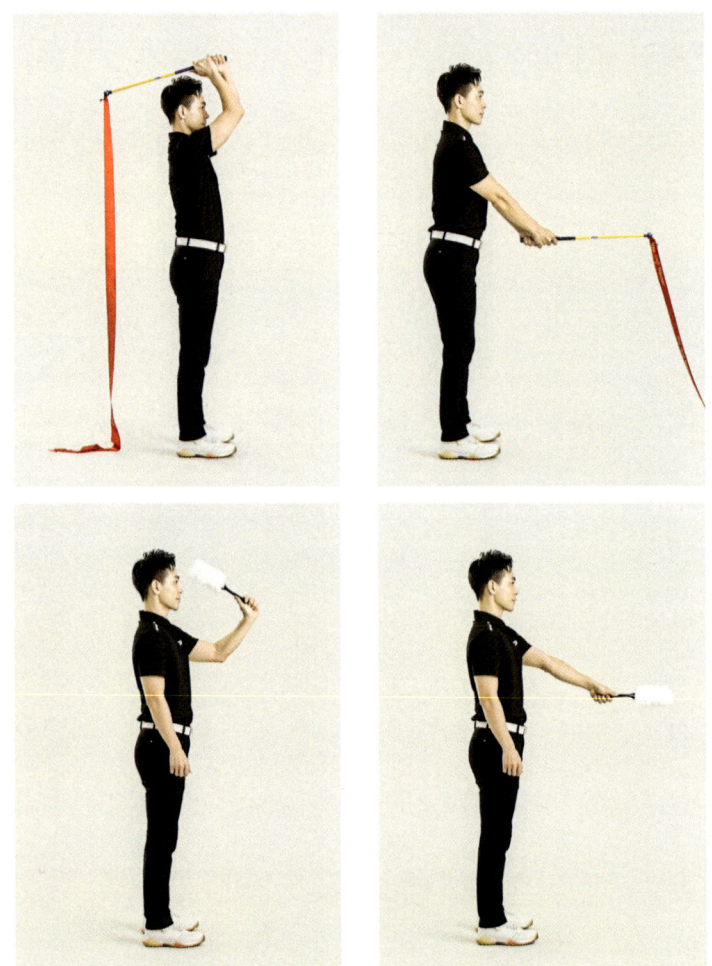

1. 리본 및 먼지떨이를 위아래로 털어 준다.

2. 왼손으로 털어 준다.

엄지가 위를 향하도록 코킹했다가 아래로 털어 준다. 이때 최대한 손목에 힘을 빼고 순발력 있게 털어 준다. 이 동작은 딱딱한 클럽을 채찍같이 느낄 수 있게 도움을 준다.

2단계 - 클럽헤드 수직으로 세우고 좌우로 눕혀 주기

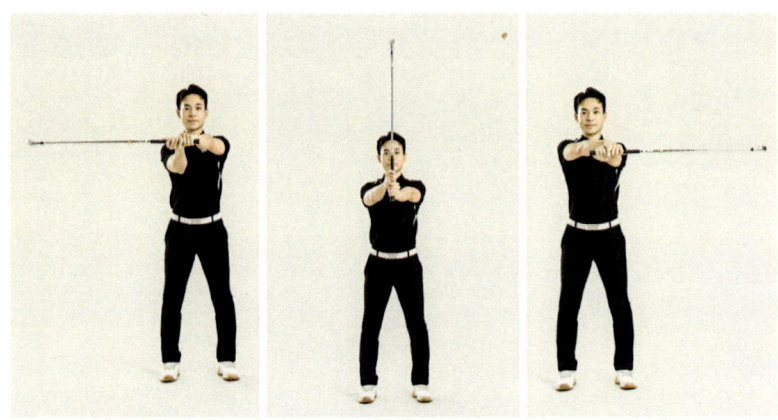

1. 클럽을 어깨 높이로 들어 'ㄴ' 자 모양으로 만든다.
2. 클럽을 좌우로 눕혀 준다.

　골프클럽을 코킹해서 'ㄴ' 자 모양으로 만들어 올린 뒤, 손목에 힘이 들어가지 않도록 천천히 좌우로 반복해서 눕혀 준다. 이 동작은 손목에 경직을 풀어 주어 릴리즈에 도움을 준다.

3단계 - 클럽을 풍차 돌리듯이 몸 앞에서 돌려 주기

1. 왼쪽에서 오른쪽으로 크게 원을 그려 준다.

2. 클럽을 땅에 가볍게 툭툭 내려 준다.

큰 원을 그린다는 느낌으로 골프클럽의 헤드 무게를 느끼면서 바닥에 클럽 헤드를 툭툭 떨어뜨려 준다. 이 동작은 스윙의 진행 방향을 알 수 있게 하여 속도 증가에 도움을 준다.

밸런스(트랜지션)

골프에서 트랜지션은 백스윙에서 다운스윙으로 넘어가는 전환 구간을 말하며, 파워가 생성되는 점진적 가속의 구간이기도 하다.

골프 스윙 시 트랜지션은 많은 부분에 영향을 미치는데, 그 요소들은 다음과 같다.

첫째, 파워 생성. 트랜지션을 통해 파워가 생성되는데, 이 구간에서 반드시 하체로 리드하는 스윙을 해야 점진적 가속을 만들어 낼 수 있다.

둘째, 리듬. 전환이 너무 느리거나 너무 빠르면 문제가 발생한다. 너무 느리면 가속이 붙질 않아 비거리에 영향을 줄 수 있고, 너무 빠르면 덮어 치거나 깎아 칠 수도 있다.

올바른 트랜지션을 구사하기 위해서는 백스윙 정점에서 멈추지 않고 계속해서 움직여야 한다. 자연스럽게 회전의 방향만 바뀌어야 하는데, 스윙을 멈추면 리듬이 끊길 수 있다. 아이들의 경우, 골프클럽을 무거워하기 때문에 트랜지션 가능 여부에 따라 스윙이 굉장히 편해질 수 있다.

1단계 - 한 발 들고 서 있기

1. 양팔을 벌리고 한 발을 들어 준다.
2. 한 발에 10초씩 번갈아 가며 들어 준다.

양팔을 벌리고 한발을 교차로 10초씩 들어 준다. 이때 균형을 잡고 넘어지지 않도록 버텨 줘야 한다. 밸런스가 좋아지면 스윙 시 전환 동작에 도움을 준다.

2단계 - 한 발 들고 양팔 모아 손바닥 마주 잡기

1. 양팔을 모아 손바닥을 마주 잡고 들어 준다.

2. 한 발에 10초씩 번갈아 가며 들어 준다.

양팔을 모아서 들어 올린 후 한발을 교차로 10초씩 들어준다. 이때 균형을 잡고 넘어지지 않도록 버텨 줘야 한다. 하체만으로 밸런스를 잡아야 하며, 스윙 시 전환 동작에 도움을 준다.

3단계 - 한발 들고, 양팔 벌려 비행기 자세

1. 한 발을 들고, 양팔을 벌린 뒤 상체를 숙여 준다.

2. 한 발에 10초씩 번갈아 가며 들어 준다.

양팔을 벌린 후 상체를 숙여 준다. 이때 한발을 교차로 10초씩 들어 준다. 이 상태로 균형을 잡고 넘어지지 않도록 버텨 줘야 한다. 상·하체 코어에 집중해서 넘어지지 않도록 균형을 잡도록 한다. 스윙 시 전환 동작 및 밸런스에 도움을 준다.

4단계 - 양팔 벌려 앞뒤로 다리 차기

1. 양팔을 벌리고 한 발씩 앞과 뒤로 접어 준다.
2. 한 발에 10회씩 번갈아 가며 접어 준다.

양팔을 벌린 후 한 발씩 들어 교차로 앞뒤로 10회씩 감아 준다. 계속 움직이는 상태에서 균형을 잡고 버티다 보면 밸런스 및 발목 강화에 도움을 준다.

활성화

스윙 전 근육 활성화시키기

스윙과 관련된 동작들을 먼저 선행시킨 후 스윙을 하면, 몸이 활성화되어 운동 수행 능력에 도움을 준다.

스쿼트 5회 후 하체 회전하기

링 또는 다트 던지기 후 퍼터 하기

골프는 코어의 활성화, 어깨의 활성화, 허리의 활성화, 하체의 활성화 등 많은 신체의 근육들을 활성화시킬 수 있다.

자고 있던 근육 깨우기

활성화는 효율적인 기술의 습득 및 부상 방지를 위해 몸의 주요 근육과 관절을 사전에 준비시키는 과정이다. 이러한 활성화는 여러 가지 근육과 관절을 사용하는 골프에 매우 중요한 동작이며, 스윙에 필요한 신체 부위를 골고루 자극하고 깨워 주는 중요한 역할을 한다.

골프와 관련된 부위별 활성화 운동은 다음과 같다.

첫째, 코어. 코어는 스윙의 안정성을 확보해 주는 역할을 하며, 이와 관련된 대표적인 동작으로는 플랭크가 있다.

둘째, 하체. 하체는 체중 이동 및 파워를 내는 역할을 하며, 이와 관련된 대표적인 동작으로는 스쿼트가 있다.

셋째, 어깨. 어깨는 스윙의 가동 범위를 결정짓는 역할을 하며, 이와 관련된 대표적인 동작으로는 밴드 스트레칭이 있다.

넷째, 손목. 손목은 클럽을 컨트롤하는 역할을 하며, 이와 관련된 대표적인 동작으로는 골프클럽 좌우로 돌리기가 있다.

다섯째, 발목. 발목은 지면 반력과 트랜지션의 역할을 하며, 이와 관련된 대표적인 동작으로는 카프레이즈가 있다.

쉽게 따라 할 수 있는 부위별 활성화 동작

코어. 코어 활성화 동작으로는, 첫째, 벽에 멀리 서서 양팔을 뻗고 기대어 10초간 버티는 동작으로 코어가 약한 유아들에게 적합한 활성화 동작이다. 둘째, 양팔을 앞으로 뻗으면서 한 발씩 뒤로 뻗어 주는 비행기 동작으로, 이 동작은 밸런스 능력까지 요구된다. 이는 스윙 전체적인 밸런스와 스윙 간의 전환 과정에 도움을 준다.

하체. 하체 활성화 동작으로는, 첫째, 앉았다 일어서는 동작을 반복하는 스쿼트 동작과 둘째, 한 발을 들어서 뒤로 빼 준 뒤 한 손으로 바닥을 짚는 동작이 있다. 이는 대근육의 움직임을 활성화시켜 임팩트 시 폭발적인 힘을 만드는 데 기여한다.

어깨. 어깨 활성화 동작으로는 첫째, 양팔을 어깨 높이로 뻗은 후 왼팔의 손등은 하늘을 오른팔의 손등은 바닥을 바라보게 한 뒤 번갈아 가며 손을 뒤집어 주는 동작이 있다. 둘째, 스쿼트 자세에서 짐볼 같은 가벼운 물건을 머리 뒤로 넘겨서 뒷사람에게 전달하는 동작이 있다. 이를 어깨의 회전 가동 범위를 증가시켜 원활한 백스윙과 피니쉬를 만드는 데 기여한다.

손목. 손목 활성화 동작으로는, 첫째, 한 손으로 골프클럽의 가운데 부분을 잡고 좌우로 돌려 주는 동작이 있다. 둘째, 벽에 손바닥을 대고 오른손과 왼손을 동시에 좌우로 돌려 주는 동작이 있다. 이는 손목의 부드러운 움직임에 도움을 주며, 백스윙과 다운스윙의 전환 및 임팩트에 기여한다.

발목. 발목 활성화 동작으로는, 첫째, 양 발바닥을 지면에 대고 왼발과 오른발이 들리지 않는 선에서 양쪽으로 비벼 주는 동작이 있다. 둘째, 타석 모서리 부분에 양발의 앞꿈치 정도를 걸쳐 서서 뒤꿈치를 들었다 내리는 동작이 있다. 이는 발목의 긴장을 풀어 주어 스윙이 빠르게 진행될 수 있도록 기여한다.

세트 수가 많아지면 활성화보다 기능에 초점이 맞춰질 수 있으니 주의해야 한다. 활성화는 트레이닝의 개념보다는 워밍업 정도에 가깝다고 생각하면 좋다.

CHAPTER 5

안전 수칙 및 에티켓

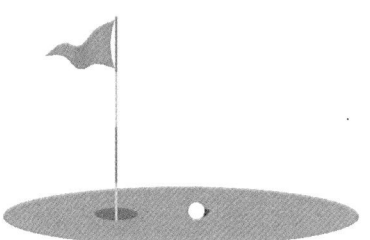

안전 수칙

교육 전 안전 수칙 교육은 필수!

타석 앞 경사면으로 나가지 않기

타석이 아닌 곳에서는 스윙 하지 않기

사람을 향해서 골프클럽을 휘두르지 않기

타석 밖으로 공이 튀어나오면 다시 제자리로

하면 안 되는 것들을 명확하게 인지시키기

안전 수칙 요구하기

골프는 도구를 사용하는 스포츠이기 때문에 자칫 방심할 경우, 큰 사고로 이어질 수 있으니 주의해야 한다.

골프 활동 시 지켜야 할 대표적인 안전 수칙은 다음과 같다.

첫째, 주변 확인. 스윙 전 반드시 근처에 사람이나 장애물이 있는지 확인하고 스윙 해야 한다.

둘째, 장난 금지. 타석이 아닌 곳에서 클럽을 장난하듯 휘두르면 위험하니 주의해야 한다.

셋째, 복장 준수. 골프화가 아닌 미끄러운 신발을 신거나 장갑 없이 맨손으로 클럽을 휘두르면 큰 부상을 입을 수 있으니 주의해야 한다.

안전 수칙을 요구할 때는 간결하고 반복해서 해 주는 것이 좋고, 포스터나 스티커와 같은 시각적인 자료를 사용하는 것도 좋다. 안전 수칙을 준수하여 큰 사고를 미연에 방지하고 즐겁게 골프를 즐길 수 있도록 한다.

에티켓

골프는 예의와 매너가 중요하다!

큰 목소리로 떠들지 않기

냄새가 날 수 있는 음식은 먹지 않기

뛰어다니지 않기

운동이 끝난 뒤 정리 정돈은 의무

스포츠 활동에서의 규범 인지시키기!

선택이 아닌 필수!

골프 활동 시 지켜야 하는 에티켓으로는 규칙을 지키는 공정한 플레이가 있다. 또한 경기 중 상대방을 조롱하거나 도발하지 않도록 상대방을 존중해야 하며, 정해진 시간보다 미리 도착하여 동반자들에게 피해를 주지 말아야 한다. 이 밖에 사용한 자리를 깨끗하게 정리 정돈하고 퇴장하여야 한다.

골프 야외 활동 시 지켜야 할 대표적인 에티켓은 다음과 같다.

첫째, 기다리기. 동반자가 플레이할 때 집중할 수 있도록 차분하고 조용히 기다려 주어야 한다.

둘째, 정리하기. 벙커 샷 후 생긴 발자국이나 경사를 다음 사람을 위해 반드시 정리하고 지나가야 한다.

셋째, 배려하기. 잃어버린 공을 5분 이내에 찾지 못했다면 기다리는 동반자들을 생각해서 너무 오래 끌지 않고 게임을 진행하도록 해야 한다.

이기기 위한 경쟁보다는 배움과 성장에 의미를 두고, 타인을 배려하며 규칙을 존중해야 한다.

CHAPTER 6

골프 시설 법령

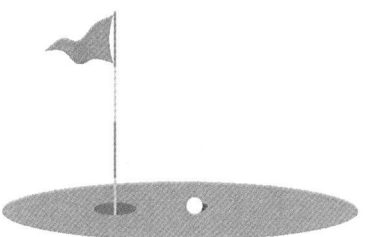

골프 연습장 운영업

골프 시설 법령(골프 연습장 운영업)

1. 그물·보호망 적정 설치 여부

2. 타석 간 간격(2.5m 이상) 적정성 여부

3. 타석과 타석 뒤 보행 통행로와 거리 적정성 여부(1.5m 이상)

출처: 체육시설알리미

가상 체험 체육 시설업

골프 시설 법령(가상 체험 체육 시설업)

1. 타석과 스크린까지의 거리 적정성 여부(3m 이상)

2. 타석과 천장과의 높이 적정성 여부(2.8m 이상)

3. 타석과 대기석과의 거리 적정성 여부(1.5m 이상)

4. 벽 충격 흡수 재질 적정성 여부

5. 스크린과 뒤 벽면의 이격 여부

6. 바닥의 논 슬립 재질의 적정성 여부

7. 대여용 장비의 안전·위생 관리 여부

출처: 체육시설알리미

체육 지도자 배치

골프 시설 법령(체육 지도자 배치)

골프장

18홀 이상 36홀 이하 1명 이상

36홀 초과 2명 이상

골프 연습장 운영업

(20타석 이상 50타석 이하 1명 이상)

(50타석 초과 2명 이상)

가상 체험 체육 시설업(해당 사항 없음)

출처: 체육시설알리미(체육지도자배치기준 제22조 제1항)

**CHAPTER
7**

안전사고

골프장 안전사고 현황

골프장 안전사고 현황

사고시기	카트사고	타구사고
2017년	465	209
2018년	511	203
2019년	718	284
2020년	975	361
2021년	1103	364
익사사고 해마다 1건 정도 발생		

 2017년~2021년까지 안전사고는 675건에서 1,468건으로, 총 2.2배 증가했다.

출처: 2021년 문화체육관광부(골프장 안전사고 현황)

카트 사고

운전자가 캐디일 경우

(골프장 소속이 아닌 프리랜서인 경우가 많아 캐디 과실이 인정되면

손해배상소송 제기)

운전자가 골퍼인 경우

(직접 책임을 져야 하며, 차량 사고와 유사한 법적 책임을 적용)

운전 부주의로 인한 사고

(민형사상 책임 발생 가능)

시설물 사고

(연못, 도로, 티 박스- 시설 관리 부실로 판단될 시 민사소송을 통해

골프장 측 배상 책임)

따라서, 캐디의 예방이 절대적으로 중요하다.

타구 사고

가해자 책임 여부

(일반적으로 위험을 수반한 스포츠임을 감안해서

무조건 형사책임을 지지는 않는다.)

안전 의무를 다하지 않은 경우

(앞 팀이나 사람이 있는데 샷을 했을 경우, 민형사상 책임이 발생할 수 있다.)

배상 문제

(가해자가 피해자와 합의하거나 골프장 보험을 활용할 수 있다.)

피해자 사망의 경우

(과실치사죄- 최대 2년 이하 징역 또는 700만 원 이하 벌금이 적용 가능하다.)

따라서, CCTV 또는 증인 확보는 필수다.

실내 골프 연습장
안전사고 현황

한국소비자원 2024년 기준
최근 3년간 실내 골프장 사고 사례

1위: 옆 타석에서 백스윙한 골프클럽에 맞은 사고

2위: 골프공에 맞은 사고

　실내 골프 연습장에서 가장 많이 나는 안전사고 1위는 옆 타석에서 백스윙한 골프클럽에 맞은 사고다. 이 때문에 골프 연습장에 가 보면 타석마다 컴퓨터 조작 시 앉아서 하라는 문구가 적혀 있기도 하다. 그럼에도 불구하고 부주의 및 타석 간의 간격 법정 규정 2.5m를 지키지 않아 많은 사고가 발생한다.

사고 사례 1

분리된 골프채 헤드로 인한 실명

장소
스크린 골프장

내용
공용 골프채로 스윙을 하자마자 분리된 헤드가
눈을 가격 이후 실명

결과
체육 시설업주의 골프채 점검 주의 의무 소홀(업주 1억 원 배상 판결)

국가배상법 제2조, 민법 제756조
(체육 시설물의 설치, 관리상의 하자로 인하여 사고가 발생하게 되면 그 시설의
점유자가 책임을 져야 함)

판례: 서울중앙지방법원 스크린 골프장 업주에 손해배상 청구 판결

사고 사례 2

분리된 골프채 헤드로 머리 강타

장소
실내 골프 연습장

내용
A 씨가 스윙을 했을 때, 샤프트가 부러지며 분리된 헤드가 B 씨 머리를 강타

결과
골프채 소유자+골프 연습장 모두에게 손해배상책임이 있다고 판결

국가배상법 제2조, 민법 제758조
(타석과 타석 간에 안전 시설물이 설치되어 있었다면 위 사고를 예방할 수 있었을 것이라는 판결)

판례: 스윙을 한 피고와 골프 연습장 측 모두 손해배상책임이 있다는 판결

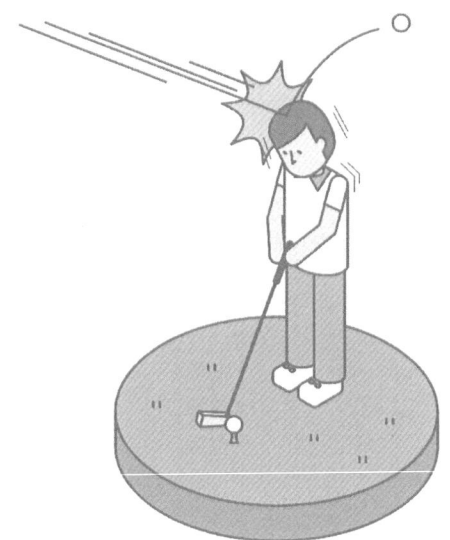

사고 사례 3

튀어나온 공이 정강이를 강타

장소
실내 골프 연습장

내용
A 씨가 스윙을 했을 때, 천을 맞고 튀어나온 공이
B씨의 정강이를 강타

결과
체육 시설물의 설치, 관리상의 하자로 인한
시설 점유자의 책임 판결

국가배상법 제2조, 민법 제756조
(체육 시설물의 설치, 관리상의 하자로 인하여 사고가 발생하게 되면 그 시설의
점유자가 책임을 져야 함)

판례: 체육 시설물의 의한 사고는 시설 점유자의 손해배상책임이 있다는 판결

사고 사례 4

옆 타석에서 날아온 공이 눈을 가격

장소
실내 골프 연습장

내용
A 씨는 연습을 하던 중 성명 미상의 B가 친 공에
눈을 맞고 시력을 상실

결과
운영자는 시설 제공뿐 아니라 고객의 안전을 배려할 의무가
있다고 판결

(피해자 A씨- 3억 1천 6백만 원+가족 3인 각각 5백만 원의
위자료 청구 소송 제기)

판례: 법원은 운영자의 책임을 70%로 제한하고, A 씨에게 1억 800만 원을
지급할 것을 판결

예방 및 조치

10세 이하의 어린이는 반드시 보호자를 동반해야 한다.

운동이 완전히 마무리될 때까지 보호자 및 지도자는 절대로 자리를 비워서는 안 된다.

사고를 예방하는 것도 중요하지만 후속 조치도 중요하다. 사고 직후 어린이들은 대처가 미흡해 더 큰 사고나 부상으로 이어질 수 있기 때문이다.

선 조치, 후 보고

키즈 골프의 가장 주요한 부분 중 하나는 안전이다. 지도자는 항상 안전한 환경을 만들어 주어 사고를 미연에 예방해야 하며, 사고 시 즉각적인 조치로 신속하게 대처해야 한다.

안전사고를 예방할 수 있는 방법은 다음과 같다.

첫째, 사전 시설 점검. 교육 전 바닥이 미끄럽지는 않은지, 골프 클럽의 상태가 양호한지 등을 면밀히 점검해야 한다.

둘째, 안전한 프로그램 구성. 지도자는 개인차에 맞는 수준별 프로그램을 구성하여 위험 요소를 제거하고, 지속적인 관찰을 통해 사전에 사고를 차단해야 한다.

셋째, 복장 점검. 수업에 참여하는 아이들에게 안전한 복장에 대한 관리가 철저해야 한다. 반드시 장갑 및 미끄러지지 않는 신발을 착용하게 하고, 위험할 것 같은 장신구는 사전에 제거해서 사고를 미연에 방지해야 한다.

사고 시 어른들의 놀란 반응은 아이들을 더욱 놀라게 할 수 있으니 침착하고 빠르게 대응해야 한다. 놀란 아이를 진정시키고, 빠르게 응급 처치를 한 뒤 119에 신고하도록 한다. 또한 보호자에게 이 사실을 알리고, 사고 경위에 대한 자세한 사항을 안내해야 한다.